E-Business

Réussir son activité Internet

E-Business

Réussir son activité Internet

Richard Volodarski

EYROLLES

Éditions d'Organisation

Éditions d'Organisation
Groupe Eyrolles

61, bd Saint-Germain
75240 Paris cedex 05
www.editions-eyrolles.com
www.editions-organisation.com

Sommaire

Partie 2
Créer un site Internet attractif 61

Introduction

« La science, c'est ce que le père enseigne à son fils.
La technologie, c'est ce que le fils enseigne à son papa. »
Michel Serres

« Ce n'est qu'en essayant continuellement
que l'on finit par réussir. Autrement dit : plus ça rate,
plus on a de chances que ça marche. »
Devise des Shadoks

À qui s'adresse cet ouvrage?

Destiné aux créateurs d'entreprises souhaitant asseoir totalement ou partiellement leur activité sur Internet, aux responsables fonctionnels (e-marketing, e-business) et aux chefs de projet chargés de déployer le canal Web, cet ouvrage propose des outils et une méthodologie complète de réalisation de projet touchant aux nouvelles technologies.

Les objectifs de l'auteur

S'adressant aux lecteurs non professionnels tout comme aux initiés, cet ouvrage explique de manière simple et concrète les fondamentaux indispensables à la réussite de projets Internet. Fidèle à son titre, il passe en revue la question de différents business models rentables sur Internet sans oublier d'évoquer les volets opérationnels, garants de leur réalisation. Grâce à de nombreux exemples, schémas illustrés et mises en situation, l'auteur partage son expérience en tant que professionnel – responsable marketing d'une agence Internet française majeure –, mais aussi pédagogue – professeur des TIC en Master II.

Parcours de lecture

Présenté en quatre parties, l'ouvrage suit de manière pragmatique le développement d'un projet d'entreprise. Il amène le lecteur à se poser successivement les questions clés : quel projet choisir, comment calculer son besoin en financement et trouver l'investisseur, quelle forme de société privilégier en protégeant ses proches ? Enfin, délesté de ce « poids », commun à tous les entrepreneurs, le lecteur apprend à piloter son projet Web en faisant les bons choix quant à la création d'un site et au succès de son référencement. Centrale, la question du ROI (*return on investment*, ou « retour sur investissement »), indicateur phare de la Web économie, trouve principalement sa place dans la dernière partie. Sa compréhension exige une initiation préalable.

Partie 1

Penser son modèle économique

Découpée en quatre points vitaux, cette première partie vous aide à préparer le lancement de votre activité. Quel modèle économique allez-vous choisir dans le panel existant ? De quelle somme d'argent devez-vous initialement disposer et comment allez-vous compléter vos fonds ? Quelle forme juridique d'entreprise est compatible avec vos ambitions et vos priorités ? Enfin, nous terminerons par l'analyse des démarches liées aux nouvelles technologies.

Générer le chiffre d'affaires principal et les revenus additionnels grâce à Internet

Depuis le début des années 2000, la question qui préoccupe les entrepreneurs du Web n'est plus de savoir si Internet constitue une source de revenu fiable. Elle se dessine davantage autour des pratiques et des approches permettant de générer le surplus de valeur. À la différence des entreprises issues de l'économie classique (s'il faut encore préciser cette notion), Internet est propice à la génération de revenus multicanaux. Sa seule limite se borne souvent à l'ambition du créateur, plus rarement au projet lui-même.

La première partie de cet ouvrage s'intéresse justement à la manière dont les business models se formulent. Cette formulation aura pour conséquence de définir la ou les sources de revenu principal. Elle définit également la possibilité pour l'entreprise de générer des revenus additionnels.

Cependant, au commencement d'un projet, il y a souvent une idée. C'est par elle que je vous propose de commencer.

La valeur d'une idée : conceptualiser et concrétiser

Certains se battent pour avoir la bonne idée, d'autres pour réaliser leur projet. Vous allez peut-être dire qu'il faut bien commencer par quelque chose pour ensuite pouvoir le réaliser. Vous avez certainement raison. Cependant, beaucoup cherchent l'inspiration entrepreneuriale dans des directions bien lointaines. Ils en reviennent les mains vides mais avec une réponse : «*Je n'ai rien trouvé. Si seulement je pouvais avoir la bonne idée…* »

Quant à moi, l'auteur, je ne peux pas vous aider. Comme vous, sans doute, je pense que la singularité est rare. Et comme vous, je pense que d'autres étaient déjà là avant. Question : est-ce si grave ? Faut-il toujours avoir l'idée du siècle pour construire un projet ? Faut-il avoir absolument un projet pour réussir ? Je pense que non. L'observation et la reformulation astucieuse de la concurrence peuvent suffire. Allons plus loin, l'existant rassure. Il se mesure plus facilement. Ce simple constat permet de dire qu'il n'est pas nécessaire d'être un créateur de génie pour bâtir. Je sais bien que Google et d'autres géants du Web existent déjà. Cela ne doit pas me décourager ni m'empêcher d'avancer et de faire. Faire, ce n'est déjà pas si mal. Sur Internet, croyez-moi, il y a de quoi faire ! Chaque nouveau projet que nous voyons naître chez les concurrents ne nous limite aucunement. Bien au contraire, il nous apporte de nouvelles opportunités et des pistes de business. Chaque nouvelle opportunité concrétisée en crée d'autres, *bis repetita*.

Du « *brick and mortar* » au « *pure player* »

Vous avez probablement entendu vos interlocuteurs utiliser des termes tels que « *brick and mortar* » ou encore « *pure player* ». Que signifient-ils au juste ? Par exemple, que faut-il entendre par « un business plan basé uniquement sur une approche *pure play* » ?

Depuis le début du XXIᵉ siècle, Internet bouscule les notions de commerce et de prospection classique. Il change aussi de manière fondamentale l'approche de la relation client. Commençons toutefois par rappeler ce qu'on entend par l'approche classique « *brick and mortar* ».

« *Brick and mortar* »

En français, cette expression signifie tout bonnement « des briques et du ciment ». Elle désigne des entreprises de vente traditionnelle ayant un point de vente « physique ». Les professionnels du Web parlent aussi de structures « en dur », par opposition aux entreprises ayant une stratégie, aussi minime soit-elle, de développement sur Internet.

« *Click and mortar* »

Toujours d'origine anglaise, cette expression se comprend par analogie avec l'expression « *brick and mortar* ». On pourrait donc la traduire en français par « clic et ciment », ou encore « Internet et magasin ». Loin d'un modèle purement « virtuel », les entreprises concernées par ce modèle économique orientent seulement une partie de leur stratégie de diffusion et de distribution sur un canal additionnel représenté par Internet.

« *Pure player* »

« *Pure player* » ou « acteur pur » est une entreprise œuvrant sur Internet, totalement ou majoritairement. Souvent les acteurs « purs » ne possèdent pas de point de vente physique, le client ou le prospect a pour guichet unique une interface Web. L'absence d'accès à Internet de la part des personnes potentiellement intéressées par un produit ou un service font d'elles des non-consommateurs absolus. C'est bien évidemment en faisant ce constat que certains « *pure players* » ont étendu leurs activités vers des modèles mixtes en profitant de la notoriété initialement capitalisée sur Internet.

Si la distinction des frontières entre les entreprises « pures » et celles basées sur un modèle mixte n'est pas toujours capitale, la compréhension des fonctionnements des entreprises *pures ou virtuelles* s'impose.

Que désigne le virtuel étudié dans notre cadre ? Il s'agit tout d'abord d'un service ou d'un produit que l'on peut consommer, utiliser ou acheter directement en ligne. Faire vivre une entreprise sans point de vente physique suppose de pouvoir lui apporter une audience suffisante. Ainsi, l'audience est synonyme de vie. On en déduira que le virtuel ne s'apparente pas à une notion d'irréel ou d'illusoire. Les entreprises de l'économie *virtuelle* ont bien au contraire des principes de fonctionnement extrêmement concrets et complexes. Les règles existent, mais elles sont différentes.

Illustration de *click and mortar* et *pure player*

À la croisée de deux métiers, celui de la distribution de produits culturels et d'Internet, on trouve notamment deux entreprises bien connues : la Fnac et Chapitre.com. La Fnac distribue ses produits *via* son vaste réseau de distribution classique. Son catalogue produit est également consultable en ligne. L'internaute peut, bien entendu, acheter ses produits directement sur le site Internet. Par ailleurs, la Fnac crée de nombreuses synergies entre son réseau physique et son canal Web, fortifiant ainsi son chiffre d'affaires global. Chapitre.com, quant à lui, puise sa ressource dans un canal unique qui est Internet. Sans le Web, l'entreprise n'existerait pas sous sa forme actuelle. À elle seule, cette remarque classe Chapitre.com parmi les entreprises virtuelles. Certains puristes pourraient rétorquer que Chapitre.com est une entreprise dont le cœur de métier est celui de *commerce électronique*. À la différence d'un « vrai » *pure player*, ses stocks de livres, qui sont des éléments physiques, dissocient en partie l'entreprise de la définition initiale. Mettons cette remarque de côté et gardons à l'esprit l'exemple symbolique permettant d'illustrer l'idée générale qui sépare les *clicks and mortars* des *pure players*.

Revenu principal

Chaque projet d'entreprise, y compris Internet, a pour vocation de générer des revenus. L'une des premières richesses des Web entreprises est de pouvoir modeler et de diversifier leurs sources de revenus de manière accélérée. Cette notion de source de revenu pose une autre question, plus fondamentale encore : quel est le métier de ma future entreprise, quel est le métier de la *business unit* (département) dont j'ai la charge ?

Mon expérience personnelle me fait constater que trop peu de créateurs ou de responsables d'entreprises se posent cette question centrale. Vouloir générer du chiffre d'affaires, vouloir faire des profits sont des préoccupations des plus normales. La question du comment l'est tout autant.

Votre *business model* est donc primordial, car il définira la manière dont votre entreprise générera ses revenus. Il dictera également votre business plan qui ne sera rien d'autre qu'une notice chiffrée et méthodique de vos démarches planifiées et chiffrées sur une période projetée sur deux ou trois ans.

Observer le marché et ses futurs concurrents permet de comprendre la manière dont on tire et optimise les revenus. Est-ce aussi évident de comprendre les règles du marché sur lequel on souhaite se lancer ? Mes quelques années d'expérience auprès d'étudiants en Master spécialisés dans les nouvelles technologies me font répondre par la négative. Faisons ensemble un test rapide : quel est, par exemple, le métier de Google ? Moteur de recherche. Pas si sûr ! Il s'agit avant tout d'une régie publicitaire en ligne.

Décomposons le raisonnement : suite à votre requête formulée sur ce moteur de recherche vous trouvez les informations pertinentes. Vous êtes satisfait et continuez à l'utiliser tout en le conseillant à votre entourage. C'est parfaitement gratuit pour vous, cela l'est également pour votre entourage. Google emploie pourtant des milliers de personnes partout dans le monde alors que vous n'avez pas déboursé le moindre centime pour ses services. C'est tout simplement parce qu'un grand nombre d'entreprises font appel à la régie Google afin d'avoir la possibilité d'afficher leurs annonces publicitaires en première position de la liste des réponses.

En tant que professionnel et futur entrepreneur du Web, habituez-vous à observer les sites Internet d'un œil différent. Il est parfois nécessaire d'aller au-delà des premières impressions. Voici quelques modèles de business qui vont non seulement enrichir votre vision entrepreneuriale, mais également nourrir votre champ créatif.

Prêt à démarrer votre propre chantier ?

Les business models basés sur la publicité excluent toute entrave à la libre circulation de l'internaute sur votre site Internet. N'obligez pas les internautes à créer leur profil sur votre site à tout prix. Ceci ne doit être qu'une option discrète qui n'engendrera pas le risque de le faire partir sur un site concurrent. Ciblez votre audience avec les différentes rubriques de votre site. Une audience ciblée se vend plus facilement qu'une audience généraliste.

Choisissez votre marché selon les catégories B to B ou B to C. En ciblant une audience professionnelle, vous valoriserez votre espace publicitaire avec les tarifs plus élevés. Sachez toutefois que le nombre de visiteurs professionnels est moins important que celui des non-professionnels. Les prix compensent les volumes.

Découpez vos articles sur plusieurs pages Internet. Ce découpage obligera les internautes à changer de pages fréquemment, ce qui se traduit par autant de bannières revendues.

Liez les informations présentes sur votre site. Cette technique rallongera la durée de navigation de vos internautes.

Profitez des tendances du Web participatif. Donnez la parole aux internautes. Cette pratique doit toujours s'accompagner par une phase de modération de votre part. Très rapidement, les sites Internet non modérés dérivent vers un contenu de qualité médiocre. Les annonceurs sont très sensibles à la qualité des supports sur lesquels ils assurent leur promotion.

Publicité sur les sites à contenu éditorial

Vous êtes en train de lire des actualités sur un site Internet, vous parcourez un blog dédié aux voyages. Peut-être aimez-vous cuisiner en puisant votre inspiration sur des recettes disponibles en ligne ? Dans ces différents cas, vous consommez des pages Internet tout comme un automobiliste qui avance sur une autoroute. Cette autoroute est celle du Web, sans goudron ni panneaux publicitaires. L'autoroute virtuelle est constituée de contenu et de bannières publicitaires.

Publicité et plateformes d'échanges

Avant d'exposer ce modèle également basé sur la publicité en ligne, commençons par son illustration. Avant de devenir un site Internet abouti et riche en informations, Commentcamarche.net était un forum régi par un principe très répandu : vous aviez une question, quelqu'un avait une réponse. Autrement dit, le forum s'enrichissait au fur et à mesure avec les informations postées exclusivement par les internautes. Basé sur un principe participatif, le forum avait réussi à générer une audience forte et assez rapidement monétisable.

Publicité sur une plateforme de services

Si certains internautes surfent sur la Toile à la recherche d'actualités, d'autres peuvent rechercher des informations pratiques et utiles au quotidien. C'est justement le créneau occupé par le site Internet mappy.com. En cherchant votre chemin, vous aurez l'occasion de visualiser les bannières publicitaires de plusieurs entreprises. Mieux, en zoomant sur votre lieu d'arrivée, vous pourrez visualiser les petites annonces de plusieurs hôtels, bars et restaurants géolocalisés. Ici, le revenu principal est toujours généré par la publicité, et l'audience est constituée par les internautes à la recherche d'un service spécifique.

Ce modèle de fonctionnement vous passionne ?
Voici les choses à retenir…

Énoncez clairement les principes de fonctionnement de votre forum.

Dès le départ, prévoyez des espaces de conversation faciles à distinguer du contenu publicitaire.

Faites respecter avec beaucoup de rigueur des règles de civilité sur tous les espaces d'échange. Supprimez au plus vite toute conversation déplacée.

Dépolluez, *via* un espace d'administration, tous les profils qui parasitent le bon fonctionnement de votre plateforme.

Luttez au quotidien contre les « spammeurs » qui postent les liens et les annonces en « black-listant » leur accès (bannissement).

Orientez de préférence votre forum vers des sujets « vendeurs ». C'est ainsi, certains sujets n'intéressent pas grand monde, tandis que d'autres passionnent les foules.

Gratuit/payant : une montée en gamme

Pour illustrer ce principe largement répandu sur Internet, intéressons-nous aux sites de rencontres. Si pour certains, le revenu principal repose sur un abonnement mensuel, d'autres ont préféré mettre en place un service à deux niveaux. L'internaute qui ne paie pas peut faire un certain nombre d'actions limitées (envoi d'e-mail, accès aux fiches, etc.). Celui qui règle son abonnement peut accéder à toutes les fonctionnalités de manière illimitée. Il est également possible d'envisager un modèle à trois niveaux en ajoutant une catégorie que nous appellerons « VIP ». Les VIP bénéficient d'un affichage prioritaire sur les autres membres du site. Ici, la promesse de vente se base sur un service additionnel donnant plus de chance aux membres VIP d'entrer en relation avec d'autres inscrits.

En étudiant cet exemple, on comprend mieux l'approche qui consiste à toucher le maximum de clients avec un niveau de services différenciés. En recrutant majoritairement ses clients sur des prestations gratuites, l'objectif du site devient leur montée en gamme.

Vous l'aurez saisi, cette modélisation business permet la création d'une réserve de prospects, futurs consommateurs de services payants. Paradoxe : dans le cas de Deezer.com c'est bien la partie d'accès libre qui génère actuellement les revenus principaux de l'entreprise. La partie d'accès payant, assez marginale, est une source de revenu additionnel.

Conseils de pro

Pour réussir dans ce type de projet, quelques règles s'imposent…

Quel que soit le service que vous avez envie de rendre, pensez d'abord au public qu'il touchera. Évitez les services marginaux, qui toucheront un public peu nombreux. Vous avez bien saisi que seule une audience forte constituait un revenu publicitaire efficace.

Déclinez le service de manière à pouvoir présenter vos insertions publicitaires.

Appuyez-vous sur les informations renseignées par l'internaute. Il vivra le service comme une expérience personnalisée. C'est également ces mêmes informations qui vous permettront de contextualiser votre approche publicitaire pour mieux la valoriser auprès de vos annonceurs. Pensez à l'exemple de mappy.com, qui s'appuie sur le chemin recherché afin d'afficher les bannières pertinentes.

Proposez à vos internautes de sauvegarder les informations qui lui permettront de gagner du temps lors de sa prochaine visite. Ce service rendu aux internautes vous permettra de revendre une audience maîtrisée en valorisant son prix.

L'exemple de Deezer.com

Deezer.com, célèbre site d'écoute de musique en libre accès exploite ce modèle de commercialisation. Basé sur le principe « gratuit-payant », Deezer.com interprète ce modèle sous un angle différent. Ayant référencé d'innombrables catalogues musicaux sur sa plateforme, Deezer.com permet à tous les internautes d'écouter la musique gratuitement. Fort de son audience, le site la commercialise *via* une régie en ligne. En effet, on trouve sur le site de nombreuses bannières publicitaires, ainsi que des publicités audio venant parfois s'intercaler entre les chansons. La gratuité de service d'écoute de musique a finalement un prix — le temps passé à écouter les annonces publicitaires ! Deezer.com propose évidemment une alternative à sa solution gratuite. Moyennant un abonnement mensuel, vous écouterez vos titres préférés sans coupures publicitaires.

Recrutement pur

Certaines entreprises du Web se spécialisent dans l'apport d'affaires. Quel que soit leur périmètre d'action, B to B ou B to C, ou leur domaine de spécialité, ces entreprises ont pour vocation « d'aspirer » l'offre disponible sur le marché pour la revendre aux entreprises intéressées. Dans ce cas, le revenu principal est généré par l'action de revente d'un besoin « aspiré » à une ou plusieurs entreprises intéressées. L'équilibre financier tient au fait que la somme dépensée pour détecter un besoin (le marché Web parle d'un « *lead* ») est renflouée par les acheteurs. Deux sites Internet se basent sur ce type de principes : Companeo.com, dédié au marché professionnel, et Qualidevis.com, destiné aux particuliers.

Si vous souhaitez vous lancer dans ce type de *business model*, certains points méritent d'être expliqués…

Proposez uniquement à vos internautes les services que vous pouvez revendre par la suite. Lorsque vous consignez un besoin vous devez être conscient qu'il s'accompagne toujours d'une attente de la part de l'internaute émetteur. Le décevoir équivaut à générer de l'insatisfaction.

Ne vous dispersez pas, la génération de *leads* est souvent coûteuse. Concentrez-vous sur la valeur ajoutée, c'est-à-dire la possibilité de revendre un *lead* un nombre de fois suffisant pour couvrir vos dépenses et créer la marge bénéficiaire.

Positionnez-vous sur le marché en fonction de la concurrence. Certains acteurs génèrent des volumes importants de *leads*. Ils sont capables de fournir un très grand nombre de demandes en un laps de temps court et un prix bas. Ce positionnement s'accompagne souvent d'une qualification de *lead* initiale insuffisante, volume oblige. D'autres acteurs préfèrent jouer la carte de la qualité. Ils proposent aux internautes des formulaires longs et détaillés en écartant ainsi des demandeurs peu motivés. Le site Qualidevis.com rappelle, quant à lui, systématiquement tous les internautes afin de fournir aux clients, souscripteurs de son service, une matière de prospection très filtrée. Il va de soi que cette démarche limite les volumes facturés et justifie un positionnement prix plus élevé que la moyenne du marché.

Privilégiez les prestataires capables de racheter vos *leads* sur l'ensemble du territoire couvert par votre activité. Ceci vous permettra de tisser votre réseau professionnel de manière accélérée tout en limitant vos pertes en période de lancement.

Vente en ligne

C'est l'une des activités les plus répandues sur Internet. Tous les ans, des milliers d'entrepreneurs se lancent dans cette aventure. Travaillant dans une Web *agency*, j'ai personnellement l'occasion d'observer l'engouement pour ce type de business. Tout ou presque a déjà été dit à ce sujet.

Mon conseil est qu'il est impératif de définir ses actions de développement en fonction de ses moyens et non de ses envies. Tout comme pour une boutique classique, votre chiffre d'affaires en ligne dépend directement de la fréquentation de votre site par les internautes. Pensez aussi à trouver un positionnement face à la concurrence. Travaillez soigneusement la profondeur et la largeur de vos gammes de produit. Si vos moyens sont modestes, concentrez-vous plutôt sur un site de vente en ligne spécialisé. Ce positionnement de niche consistant à présenter aux internautes une gamme peu large mais très profonde vous assurera sans doute un meilleur lancement.

Question de vocabulaire

Par une gamme large, on entend la présence de produits différents, mais déclinés. Lorsque, par exemple, vous vous rendez chez un concessionnaire automobile généraliste, il vous proposera d'essayer plusieurs marques de véhicules. Si vous connaissez précisément la marque du véhicule que vous voulez acheter, rendez-vous plutôt chez un concessionnaire spécialisé. Il pourra vous présenter le même véhicule décliné : trois ou cinq portes, etc. Ce concessionnaire joue la carte de la spécialisation, il travaille la profondeur de sa gamme. Est-il possible de faire les deux choses à la fois ? La réponse est oui, mais tout comme dans l'exemple de concessionnaire limité en place, vous serez sans doute limité en termes de capacité de négociation des tarifs auprès de vos fournisseurs. De plus, un positionnement large est plus difficile à tenir face à la concurrence.

Modèles mixtes

Les modèles de revenu sur le marché Web sont illimités. La seule et unique question est : que voulez-vous VRAIMENT faire ? De quelle manière souhaitez-vous générer votre revenu principal ? Personnellement, je vous déconseille de vous poser la question du type : « Que puis-je faire ? » Pour moi, la réponse à cette question se fait toujours par l'absurde : vous pouvez tout faire, car les modèles sont toujours souples et perméables ! Vous voilà bien avancé, non ?

Diversité des sources de revenu

Prenons un exemple et voyons de quelle manière il est possible d'imaginer des sources de revenus diversifiées. Monsite. com est une plateforme ayant pour vocation de générer des demandes de devis faites par les particuliers. Son champ d'activité se limite aux demandes des travaux en bâtiment. Les demandes générées sont transmises aux professionnels sur l'ensemble du territoire français. Notre première source de revenu consiste à transmettre aux entreprises les demandes de devis faites par les particuliers. Il nous est possible de facturer les entreprises avec une grille tarifaire préétablie. Nous pouvons aussi mettre en place une participation exprimée en pourcentage pour chaque chantier vendu par notre intermédiaire (logique d'apporteur d'affaires).

Lorsque l'internaute remplit son formulaire de demande, il renseigne obligatoirement un champ du type « département » ou « code postal ». La confirmation de sa demande de devis peut alors s'accompagner de bannières publicitaires géolocalisées, sources d'un revenu.

Après le remplissage de son formulaire, nous pouvons solliciter l'internaute avec d'autres services, comme des offres partenaires (crédit travaux, catalogues de produits pour la maison, etc.). L'accord de sa souscription sera transmis aux partenaires avec une contrepartie pécuniaire.

Outre le fait de chercher une entreprise de travaux, notre internaute peut être intéressé par la lecture d'informations pratiques. Notre espace éditorial sera en mesure de lui expliquer quelles informations il devra obligatoirement retrouver sur un devis. Cette zone éditoriale devra prévoir des espaces publicitaires disponibles pour tout annonceur.

L'internaute a des questions à poser au sujet de ses éventuels travaux. Un forum « Travaux » est à sa disposition pour commencer un échange avec d'autres internautes. Tous les échanges formulés pourront, eux aussi, s'accompagner de bannières publicitaires louées par des annonceurs intéressés.

En analysant ce cas pratique, on prend conscience que les possibilités de modélisation de revenus sont quasi inépuisables. Rappelons encore : face à la multitude « des possibles », une seule question demeure : que voulez-vous VRAIMENT faire avec votre projet ?

Revenus additionnels

Les revenus additionnels ou encore complémentaires ne peuvent être définis qu'en relation avec votre revenu principal. Dans tous les cas, considérez-les comme un « plus » par rapport à votre activité principale. Occupez-vous de leur réalisation uniquement dans un second temps. Le complémentaire fonctionne toujours grâce au principal.

Voici toutefois plusieurs sources de revenus faciles à mettre en place.

Google AdSens

Le moteur de recherche Google ne se contente pas d'afficher les liens publicitaires sur ses propres pages de résultats. Il propose également aux éditeurs (vous en tant que créateur de site Internet) de dédier une partie de leur espace à l'affichage publicitaire. Le processus est extrêmement simple et rapide. Il vous suffit d'intégrer dans le code source de votre site un tag fourni par Google. Au préalable, vous aurez défini l'endroit et l'espace que vous souhaitez dédier aux annonces affichées par Google. En scannant le contenu de vos pages partagées entre les textes et la publicité, il positionnera plusieurs annonces en rapport avec votre thématique. Cette manœuvre est complètement automatique. À chaque fois qu'un internaute cliquera sur ces liens publicitaires, vous partagerez avec Google une partie de la recette publicitaire.

Affiliation

Un grand nombre d'annonceurs cherchent des éditeurs acceptant de se rémunérer uniquement à la performance.

Le modèle d'affiliation correspond justement à cette exigence. Il n'existe pas de définition unique sur ce marché. Chaque annonceur est libre de définir ses propres termes, pourvu qu'ils soient atteignables et suffisamment attractifs pour les éditeurs.

Sachez que la relation commerciale gérée entre votre annonceur et vous, en tant qu'éditeur, passera par une plateforme d'affiliation. Celle-ci a pour mission d'animer l'ensemble de son réseau participant. Elle se charge également de gérer le contrat dans sa globalité : chiffrer le résultat (nombre de formulaires renseignés, de téléchargements, d'inscriptions, etc.) et faire transiter la rémunération entre les deux parties si la performance a été atteinte.

Vous pourrez visualiser un grand nombre de campagnes d'affiliation sur le site Rentabilisez.com.

Pour approfondir cette question, je vous propose de vous reporter à la quatrième partie de ce livre.

Location ou vente des bases de données

Dans le cadre de leur activité principale, beaucoup de sites Internet sont amenés à collecter les informations personnelles concernant les visiteurs. Ceci est valable aussi bien pour le marché des professionnels que pour celui des particuliers. Il vous est tout à fait possible de vous inscrire dans cette démarche. Vous devrez alors vous assurer de plusieurs choses.

Ainsi, les internautes concernés doivent être informés de votre démarche de collecte. Proposez-leur de cocher une case sur le formulaire de votre site Internet tout en mentionnant une phrase telle que «oui, je souhaite que mes coordonnées soient transmises à l'entreprise X». Vous pouvez également leur proposer de recevoir des informations (newsletters, autres) de la part de votre partenaire. Cette démarche s'inscrit dans le cadre du marketing permissif.

Dans cet exemple, la permissivité consiste à consentir, c'est-à-dire à être plus attentif aux informations reçues postérieurement. Ces démarches sont indispensables pour la collecte d'informations concernant les personnes physiques. Les professionnels d'Internet parlent de collecte d'adresses en «*opt-in*», c'est-à-dire avec l'autorisation. Si vous souhaitez approfondir vos connaissances dans ce domaine, je vous conseille de prendre connaissance des dispositions énoncées par la loi informatique et libertés du 6 janvier 1978.

Limites des modèles additionnels

L'utilisation trop fréquente de revenus additionnels peut mettre en danger votre activité principale. Ne sciez pas la branche sur laquelle vous êtes assis. Voici quelques réflexions qui vous permettront de mieux cerner les limites de votre futur modèle.

Tout comme pour les médias classiques, la présence massive de la publicité a tendance à fatiguer votre audience. Gardez toujours en tête qu'un visiteur acceptera une certaine dose de publicité pertinente dans le cadre de sa recherche. En revanche, il aura tendance à fuir un support qui surabonde en informations inutiles, voire gênantes pour sa navigation.

Les bannières publicitaires ou liens sponsorisés présents sur votre site sont autant d'occasions pour votre internaute de le quitter. Cette perte de trafic peut évidemment être préjudiciable pour votre activité principale. Vous avez donc tout intérêt à limiter ses possibilités de sortie. Ceci est particulièrement vrai pour les pages dédiées à la transformation de votre trafic (formulaires de contact, pages produit, etc.).

Si vous souhaitez constituer une base de données collectée par l'intermédiaire d'internautes, pensez à limiter les champs à renseigner. Certes, une base richement renseignée se valorise mieux sur le marché. Néanmoins, un formulaire trop indiscret sera souvent abandonné par l'internaute. Le mieux est, comme toujours, l'ennemi du bien.

Pour conclure, la réussite d'un modèle économique Web passe par un arbitrage entre les différentes sources de revenu. Soyez pragmatique, défendez en premier lieu votre source de revenu principale. C'est uniquement lorsque vous aurez réussi à la sécuriser que vous pourrez commencer à développer des sources de revenus additionnelles. Tout n'est donc qu'une question d'arbitrage et de *timing*.

Investissement personnel et qualités professionnelles

Vous trouverez sans aucun mal un large éventail d'ouvrages détaillés concernant le développement personnel et professionnel. Bornons-nous plutôt à quelques aspects que j'estime être les plus importants pour le développement de votre activité sur Internet. Bien entendu, ils s'ajoutent à d'autres qualités et bagages que vous maîtrisez ou développez déjà.

Aversion au risque

Créer une activité, c'est prendre un risque. Ce risque n'est pas seulement patrimonial, il est aussi celui d'un investissement personnel et émotionnel. Ce dernier me semble être aussi vrai pour les entrepreneurs indépendants que les salariés.

Personnellement, j'ai abandonné l'idée de « maîtrise totale » dans le cadre de mon activité professionnelle. Cependant, il existe une véritable différence entre la volonté de maîtrise et la capacité de mesure. Internet, très précisément, est un outil qui apporte un grand nombre d'indicateurs quantifiés. Ainsi, le risque peut être en grande partie appréhendé *via* des outils d'analyse et de statistique. Nous leur accorderons d'ailleurs une place importante dans ce livre, dans la quatrième et dernière partie.

Curiosité

Le propre du marché des nouvelles technologies est son évolution. La principale chose dont je suis conscient est qu'au moment même où je suis en train de faire quelque chose, quelqu'un d'autre peut faire la même chose que moi en mieux et en moins cher. La curiosité d'un entrepreneur du Web doit être véritablement exacerbée. Cherchez sur la Toile toutes les entreprises qui travaillent sur le même marché que le vôtre. Étudiez attentivement la manière dont ils exécutent leur *business model*. N'oubliez pas de vous attarder sur les petites entreprises présentes dans la même branche d'activité. La force des grands n'exclut en aucun cas l'intelligence des plus petits. À vous de la découvrir et de l'appliquer à votre propre modèle.

Ouverture d'esprit

On ne trouve que ce que l'on cherche. Et encore, pas toujours. Souvent, nous avons tendance à vouloir trouver une solution que l'on croit pertinente par rapport à notre problématique. Il se trouve qu'Internet permet d'apporter plusieurs solutions à un problème donné. L'accepter nécessite une grande ouverture d'esprit. Commencez toujours par exprimer votre besoin. Seul le besoin compte. Laissez les personnes compétentes vous apporter des réponses appropriées. Définir la problématique, c'est déjà configurer les réponses. Énoncer simplement le besoin, c'est donner la possibilité aux autres de vous apporter des réponses auxquelles vous ne vous attendiez pas.

Estimer son besoin de financement et réussir à financer son projet

Estimation du besoin de financement

Quelle est la somme d'argent nécessaire pour démarrer votre activité? L'estimation de votre besoin de financement s'appuie sur un plan de trésorerie calé sur des périodes mensuelles. Faisant état de vos recettes estimées (entrées d'argent) et de vos dépenses (sorties), le plan de trésorerie vous indiquera l'état de vos futures finances. Établi en TTC pour les opérations assujetties à la TVA et avec les montants affectés aux colonnes correspondant aux mouvements réels de fonds, le tableau ainsi construit permettra de déterminer les soldes de trésorerie pour chaque fin de mois (cumul d'un mois sur l'autre).

Voici un exemple de plan de trésorerie simplifié. Il s'agit d'une entreprise prête à se lancer sur le marché de vente d'objets d'art en ligne.

	Janvier	Février	Mars	Avril	Mai	Juin	Juillet	Août	Septembre	Octobre	Novembre	Décembre
CA en ligne	12 000	15 000	15 000	23 000	30 000	10 000	6 000	1 500	30 000	40 000	40 000	45 000
Subventions	20 000											
Autres recettes			5 000				6 000					
Total recettes	32 000	15 000	20 000	23 000	30 000	10 000	12 000	1 500	30 000	40 000	40 000	45 000
Salaires et charges sociales	4 000	4 000	4 000	4 000	4 000	4 000	4 000	4 000	9 000	9 000	9 000	9 000
Création de site Internet/ frais	3 000	10 000			5 000		1 500			1 500		
Publicité en ligne	20 000	20 000	6 000	6 500	6 500	4 000	2 500	500	6 500	7 000	7 000	10 000
Achat marchandises	0	0	4 800	6 000	6 000	9 200	12 000	4 000	2 400	600	12 000	16 000
Total dépenses	27 000	34 000	14 800	16 500	21 500	17 200	20 000	8 500	17 900	18 100	28 000	35 000
Solde mensuel	5 000	− 19 000	5 200	6 500	8 500	− 7 200	− 8 000	− 7 000	12 100	21 900	12 000	10 000
Report du solde de départ	0	5 000	− 14 000	− 8 800	− 2 300	6 200	− 1 000	− 9 000	− 16 000	− 3 900	18 000	30 000
Cumul trésorerie	5 000	− 14 000	− 8 800	− 2 300	6 200	− 1 000	− 9 000	− 16 000	− 3 900	18 000	30 000	40 000

Le chiffre « − 16 000 € » désigne le point cumulé le plus bas de la trésorerie prévisionnelle. C'est bien ce solde négatif qui définit le besoin de financement. Il sera indispensable pour l'entrepreneur d'être en mesure de le couvrir soit avec ses ressources propres soit par l'injection de capitaux extérieurs.

Sources de financement

Nous venons de voir la méthode d'estimation du besoin de financement. Calculer la somme d'argent qu'il vous faut pour commencer est important. Savoir comment trouver cet argent l'est tout autant. Vous l'aurez deviné, la charité bien ordonnée commence toujours par soi-même. Heureusement, d'autres sources de financement existent.

Ressources personnelles

Combien êtes-vous prêt à investir pour démarrer votre projet ? Une autre question : combien avez-vous de côté pour pouvoir vivre sans percevoir de salaire ? En effet, il est très difficile de penser que dès les premiers mois de votre activité vous serez en mesure de vous verser une rémunération quelconque. Prenez donc très au sérieux cette réflexion. N'importe quel projet, aussi brillant soit-il, nécessite un certain temps de démarrage. Partir, comme on dit, « à sec » pour tomber en panne de carburant en pleine route ne vous servira à pas grand-chose.

Love money

Vous pouvez envisager de faire quelques emprunts familiaux tout comme d'intégrer vos amis proches dans votre capital, mais sans excès. Si votre activité est vouée à prospérer, tout ira bien. Dans le cas contraire, les éventuelles conséquences peuvent être très lourdes. Tous les mélanges ne sont pas forcément bons.

S'associer

Oui, mais pas à n'importe quelle condition. Beaucoup d'entreprises échouent non pas à cause d'un business plan irréalisable, mais des mésententes entre associés. L'association doit être le fruit d'une complémentarité de métier et d'approches et non d'un simple arrangement d'intérêts. Elle doit être un formidable moteur permettant d'avancer mieux et plus vite. Dans le cas contraire, quel que soit le potentiel commercial de votre activité, vous serez tôt ou tard voué à l'échec.

Capital-risque

Il s'agit d'une ressource de financement très prisée sur le marché des nouvelles technologies. En effet, avec les *business angels*, les sociétés de capital-risque sont les structures qui investissement le plus fréquemment dans ce type d'activités. Le propre de ces sociétés est de trouver des projets présentant des opportunités attractives en termes de business. Leur participation dans votre capital se négocie souvent entre 10 et 35 %.

Business angels

Contrairement aux sociétés de capital-risque, les *business angels* sont des personnes privées. Souvent, il s'agit d'hommes d'affaires ou d'entrepreneurs chevronnés qui souhaitent non seulement investir une partie de leur fortune dans une activité qu'ils croient porteuse, mais aussi apporter de leur temps personnel afin d'en assurer le développement aux côtés du porteur du projet initial.

Banques

Si les banques demeurent incontournables concernant l'activité d'investissement dans les entreprises classiques, elles brillent souvent par leur absence dans les activités de *pure play* et plus généralement de projets liés aux nouvelles technologies. Quelles en sont les raisons ? Les réseaux de banques traditionnelles ont une aversion au risque élevée. La question centrale reste celle de la récupération de la créance en cas de liquidation. Contrairement aux activités basées sur les investissements mobiliers et immobiliers liquidables par nature, l'activité d'entrepreneur Web n'a pas vraiment de quoi rassurer le banquier, peu à l'aise avec les valorisations financières de ce type.

Aides et subventions

Il s'agit là uniquement d'une cerise sur le gâteau. Démarrez toujours en faisant abstraction de ce type d'aide. Sachez toutefois qu'il existe des organismes tels qu'OSEO ou encore l'APCE (Agence pour la création d'entreprises), capables non seulement de vous aiguiller, mais aussi de vous apporter une aide financière utile (pour en savoir plus, consultez l'annexe de l'ouvrage).

Étapes et modalités d'une négociation réussie

Vous souhaitez faire appel à un professionnel susceptible de financer votre projet ? Sachez tout d'abord que les sociétés de capital-risque et les *business angels* sont extrêmement sollicités par les entrepreneurs. Voici les éléments qui vous permettront de mieux aborder cette étape.

Éléments du dossier

Pour commencer, envoyez à votre interlocuteur votre CV et celui de vos associés éventuels. Rédigez par ailleurs un document simple et clair permettant de résumer dans les grandes lignes votre future activité. Ce document porte un nom, l'*executive summary*. Sa longueur ne doit pas excéder une dizaine de pages. Vendeur mais néanmoins concret, il doit donner envie à votre lecteur de découvrir votre business plan complet.

N'hésitez pas à fournir différentes études, brevets, maquettes Internet, futurs contrats commerciaux en votre possession. Ces éléments pourront bien évidemment jouer en votre faveur et souligner le caractère concret et abouti de votre projet.

Entretien

Votre projet intéresse l'investisseur. Cette première étape est importante. Attendez-vous à un entretien d'au moins une heure qui vous donnera l'occasion d'exposer en détail votre projet. Ne vous emballez pas. Ce ne sont pas les centaines de millions d'euros que vous pensez générer qui intéressent à ce stade votre interlocuteur, mais uniquement votre démarche constructive et vos capacités à présenter le projet de manière réaliste, étudiée et détaillée.

Les hypothèses énoncées par votre business plan doivent s'appuyer sur des éléments concrets et de préférence chiffrés. Votre interlocuteur cherche à évaluer les gains potentiels de votre projet tout en y associant les risques éventuels. En résumé, qu'a-t-il à gagner, qu'a-t-il à perdre en vous suivant ?

Négociation

Vous venez de convaincre votre investisseur que votre projet est viable et que vous avez toutes les capacités et l'expérience pour le mener à bien. À vous de négocier la part du capital que votre investisseur va pouvoir absorber. Partager sa place ne signifie pas forcément la céder. Restez maître de votre navire. Envisagez ensemble, et dès le départ, la sortie éventuelle du capital de votre investisseur. Ici, le mariage n'est pas d'amour, mais de raison. Un contrat s'impose. Rares sont les cas qui prévoient une sortie du capital par la voie d'introduction de la société en Bourse. Souvent, il s'agira d'une cession de parts ou d'actions de gré à gré.

Choisir la forme juridique et protéger son conjoint

Le choix de la structure juridique et de la répartition des parts s'avère nécessaire pour une réalisation sereine de votre activité. Les projets Internet n'échappent aucunement aux règles valables pour les autres entreprises.

Le régime de l'auto-entrepreneur permet à tous les Français qui le souhaitent de créer leur propre entreprise simplement et rapidement. Il rencontre depuis sa création un succès remarquable. Cependant, le seul critère de commodité ne doit pas guider votre choix. La forme juridique « parfaite » n'existe pas. Chaque régime connaît ses propres avantages et ses propres inconvénients.

Zoom sur le statut de l'auto-entrepreneur

Public visé

Ce nouveau régime créé par la loi de modernisation de l'économie du 4 août 2008 facilite la création d'entreprise, car il permet à un public très protéiforme de mettre rapidement en place une structure. Ainsi, un grand nombre de salariés, étudiants, retraités et bien entendu d'entrepreneurs ont fait le choix de cette forme juridique.

Si vous comptez devenir auto-entrepreneur en cumulant votre activité indépendante avec celle d'un statut de salarié, vous devez vous limiter aux activités non concurrentes à celles que vous exercez déjà dans le cadre de votre contrat de travail. La seule condition de non-observation de cette règle peut être obtenue par un accord express avec votre employeur.

Les chiffres clés de l'auto-entrepreneur

81 500 euros : c'est le chiffre d'affaires maximal pour bénéficier du statut d'auto-entrepreneur pour une activité commerciale.

32 600 euros : c'est le chiffre d'affaires que vous ne devez pas dépasser pour une activité libérale ou de prestation de services.

Ces seuils sont susceptibles d'une réévaluation annuelle, tout comme le barème de l'impôt sur le revenu (IR). Pour les créations en cours d'année, ces maxima sont à proratiser.

Modalités

L'auto-entrepreneur n'a pas besoin de s'immatriculer au registre du commerce et des sociétés (RCS) ou au répertoire des métiers (RM).

Une déclaration unique faite *via* le lien www.lautoentrepreneur.fr/ permet de commencer rapidement son activité.

Il est également possible d'effectuer en ligne une déclaration auprès du Centre de Formalités des Entreprises (CFE), de la chambre de commerce et d'industrie (activités commerciales), de la chambre des métiers (activités artisanales) ou encore de l'URSSAF (activités libérales).

Avantages

L'auto-entrepreneur s'acquitte d'un seul prélèvement équivalent à 13 % de son chiffre d'affaires mensuel ou trimestriel pour toute activité commerciale. Ce prélèvement est de 20,5 % pour une activité libérale. Enfin, il est de 23 % pour les activités de service.

Si l'auto-entrepreneur ne réalise pas de chiffre d'affaires, il ne paie aucune charge. Lorsqu'il décide de cesser son activité, cette opération ne comporte aucun frais.

Depuis peu, les auto-entrepreneurs cotisent et accèdent à la formation professionnelle.

Franchise de la TVA

L'auto-entrepreneur bénéficie de plein droit d'une franchise de la TVA, permettant à l'entreprise de ne pas

Mention obligatoire

Toutes les factures doivent obligatoirement comporter la mention « TVA non applicable, art. 293 B du CGI ».

facturer la TVA sur les livraisons ou les prestations de service à destination du consommateur final et de baisser d'autant son prix de vente. En contrepartie, l'auto-entrepreneur ne peut pas récupérer la TVA acquittée sur ses propres achats ou investissements.

Protection sociale

L'auto-entrepreneur est affilié à la Sécurité sociale et valide des trimestres de retraite. Il s'acquitte forfaitairement de ses charges sociales et de ses impôts uniquement sur ce qu'il encaisse. Il bénéficie de la couverture assurance-maladie dès le premier euro généré.

Deux sites utiles

N'hésitez pas à consulter les deux sites suivants :
» www.gouvernement.fr/gouvernement/le-statut-de-l-auto-entrepreneur
» www.lautoentrepreneur.fr

Sociétés à responsabilité limitée

Le choix des différentes formes juridiques ne peut se limiter au seul critère de la responsabilité de ses associés. D'autres critères, tout aussi importants, tels que le régime d'imposition ou encore l'*intuitu personae* (c'est-à-dire la volonté de travailler en commun par opposition à la volonté de considérer uniquement les capitaux) peuvent prévaloir dans votre démarche. À vous de voir quelle forme juridique correspond le mieux à vos priorités.

Entreprise unipersonnelle à responsabilité limitée (EURL)

L'EURL se compose d'un associé unique. Il s'agit, pour résumer, d'une SARL en solo.

Aucun capital minimum n'est requis par le législateur. Toutefois, si l'associé souhaite constituer son capital, il pourra le faire par des apports en espèce (argent) ou en nature (biens) d'au moins un cinquième de leur montant au moment de la constitution de la société. Le solde devra être versé dans les cinq ans.

Les bénéfices dégagés par une EURL entrent dans la déclaration d'ensemble des revenus de l'associé — BIC (bénéfices industriels et commerciaux) ou BNC (bénéfices non commerciaux).

Une option d'imposition sur l'impôt sur les sociétés (IS) est possible. Une fois activée, cette option devient irrévocable.

Société à responsabilité limitée (SARL)

La SARL est certainement la forme de société la plus répandue.

Constituée au minimum avec deux associés et au maximum cent, elle est compatible avec des associés personnes morales. Le montant du capital social est librement fixé par les associés. Tout comme pour les EURL, les associés d'une SARL peuvent constituer des apports en espèce et en nature. Les apports en industrie (travail) sont également autorisés. Ils permettent à l'associé concerné de participer au vote en assemblée générale et lui ouvrent le droit au partage des bénéfices. Dans ce cas, la part qui lui revient est au moins égale à celle de l'associé qui a fait l'apport le plus faible en espèces ou en nature. Les associés se réunissent au minimum une fois par an en assemblée générale ordinaire (AGO).

Concernant son régime fiscal, la SARL est soumise de droit à l'IS. Seules les SARL de famille (personnes parentes en ligne directe, frères, sœurs, conjoints ou pacsés) peuvent bénéficier d'un régime d'IR.

Société anonyme (SA)

La SA est composée de capitaux. L'*intuitu personae* n'est pas au centre de ses préoccupations. Cette forme juridique est souvent sélectionnée pour les projets d'envergure. Dirigée soit par un conseil d'administration (trois à dix-huit membres), soit par un conseil de surveillance et un directoire, la SA exige sept actionnaires au minimum. Il n'existe pas de maximum. Les actionnaires peuvent être des personnes physiques ou morales. Ils se réunissent au minimum une fois par an en AGO.

Un capital minimum de 37 000 euros doit être constitué. Les apports en industrie sont exclus. La SA est imposée de droit à l'IS. Le bénéfice imposable est obtenu après déduction de la rémunération du ou des dirigeants.

Société par actions simplifiée (SAS, SASU)

La principale caractéristique de ce type de sociétés est dans sa grande souplesse statutaire. Une SAS peut être constituée d'un ou de plusieurs associés, personnes physiques ou morales. Lorsque l'associé est unique, on parle d'une SASU (Société par actions simplifiée unipersonnelle).

Les règles applicables en matière de capital social sont celles des sociétés anonymes. Toutefois, les apports en industrie sont autorisés.

Fonctionnement : les associés déterminent librement dans les statuts les règles d'organisation de la société. Ils peuvent choisir de nommer un président unique tout comme de mettre en place un organe collégial de direction.

Le régime d'imposition est celui de l'IS.

Sociétés à responsabilité illimitée et les entreprises individuelles

Société en nom collectif (SNC)

La SNC est moins répandue que la SA ou encore la SARL en raison de la responsabilité solidaire et indéfinie incombant à ses associés. Ici l'*intuitu personae* est au centre des préoccupations.

Cette structure convient parfaitement aux entrepreneurs qui veulent créer une société fermée. Les parts sociales peuvent être cédées uniquement si les associés le décident à l'unanimité. Deux associés au minimum (personnes physiques ou morales) sont nécessaires pour constituer une SNC.

Tous les associés auront la qualité de commerçant. Un capital social doit être constitué, mais un montant minimum n'est pas exigé. La libération immédiate du capital fixé n'est pas non plus de rigueur. La société est dirigée par un ou plusieurs gérants (tiers ou associé). Dans le silence des statuts, tous les associés ont la qualité de gérant.

Les associés se réunissent au minimum une fois par an en assemblée générale.

Les décisions sont prises à l'unanimité sauf stipulation contraire prévue dans les statuts. Aucune imposition n'a lieu au niveau de la société, la SNC est dite transparente. Chaque associé mentionne dans sa déclaration d'ensemble de revenus (catégorie BIC) sa part des bénéfices proportionnellement à sa part dans le capital, ainsi que sa rémunération.

Société en commandite simple (SCS)

La SCS est une forme peut courante. Elle se compose de deux catégories d'associés : les commandités ayant le statut d'associés en nom collectif et les commanditaires qui sont apporteurs de capitaux. La responsabilité de ces derniers est limitée au montant de leurs apports. Il faut deux associés au minimum, dont un commandité et un commanditaire.

Aucun capital minimum n'est exigé. Les apports peuvent se faire en espèces ou en nature. Seuls les commandités peuvent faire des apports en industrie.La société est dirigée par un ou plusieurs gérants commandités. Dans le silence statutaire, tous les commandités sont gérants.

Les commanditaires ne peuvent pas s'immiscer dans la gestion de la société.

Le bénéfice est réparti entre les commandités et les commanditaires au prorata de leurs parts. Tout associé commandité est soumis à l'IR. Les commanditaires, quant à eux, suivent le régime de l'IS.

Entreprise individuelle (EI)

Dans les EI, la notion de capital n'existe pas. Le patrimoine financier de l'entrepreneur et celui de son entreprise ne font qu'un. Cette forme juridique convient particulièrement aux créateurs dont les risques de l'activité sont fiables et les besoins en fonds de roulement (BFR) limités.

L'entrepreneur est indéfiniment responsable des dettes professionnelles. Toutefois, cette responsabilité peut être atténuée par une protection des biens fonciers non affectés à son usage professionnel. Pour cela, il lui faudra effectuer une déclaration d'insaisissabilité devant le notaire.

Simple à mettre en place, elle exige toutefois une déclaration auprès de la chambre de commerce ou d'industrie (activité commerciale) ou de la chambre des métiers et de l'artisanat (activité artisanale).

Lorsque l'activité est libérale, l'entrepreneur doit effectuer une déclaration auprès de l'Urssaf. Le régime d'imposition applicable au créateur d'une EI est celui de l'IR.

Protection du conjoint

En cas de mariage, le régime matrimonial dont vous relevez aura des incidences sur la protection de votre conjoint. Ce point est particulièrement important si vous avez opté pour une forme de société dans laquelle votre responsabilité ne se limite pas aux apports personnels.

Parmi les quatre régimes matrimoniaux existants dans le droit français, seuls deux régimes protègent valablement votre conjoint.

La participation aux acquêts

Durant le mariage, ce contrat fonctionne comme si les époux étaient séparés de biens.

En cas de dissolution du contrat (divorce par exemple), on calculera l'enrichissement de chacun en comparant son patrimoine final à celui d'origine. C'est ce que l'on appelle le décompte de la créance de participation. L'enrichissement, s'il en est constaté un, est partagé par moitié entre les deux conjoints.

La séparation de biens

Ce régime est basé sur un principe simple. Il existe uniquement deux catégories de biens : ceux du mari et ceux de l'épouse. Seuls les biens acquis en indivision appartiennent au couple et à la communauté, et ce en proportion du nombre de parts acquises dans l'indivision. Tout ce que chaque époux possédera au jour du mariage, recueillera par succession ou achètera à son nom pendant le mariage lui restera propre.

Modification du régime de mariage

Au moment de la création de votre société, vous êtes peut-être déjà marié. Sachez qu'après deux ans de mariage, vous pouvez procéder au changement de votre régime matrimonial. L'intervention d'un notaire sera cependant nécessaire. Ce changement fera objet d'une procédure d'homologation par le tribunal de grande instance.

Au niveau des dettes, chaque conjoint est personnellement responsable des dettes contractées en son nom propre. Ainsi, le passif commun n'est pas de mise.

Chapitre 4

Les modalités de création

Un certain nombre de modalités sont nécessaires pour la création de votre projet Internet. Certaines de ces modalités sont communes à toute création d'entreprise comme le dépôt de la marque. D'autres touchent quasi exclusivement les projets Internet.

Choisir son nom de domaine et son extension

Il s'agit d'une « adresse » qui permet de retrouver facilement un site Internet sans devoir apprendre par cœur des séries de chiffres impossibles à mémoriser. Un nom de domaine est constitué de plusieurs éléments :

– La racine, par exemple, monsite, qui est en principe le nom de votre entreprise ou de votre activité. Ce nom peut être composé d'un ou de plusieurs mots séparés, ou non, par un tiret.

– Une extension ou un suffixe séparé de la racine par un point, par exemple « .fr » ou « .com ».

L'ensemble accolé forme un nom de domaine complet : « monsite.fr » ou « monsite.com ».

Le nom de domaine a une double importance. Il est d'une part le signe de ralliement autour de votre projet. Il est également l'élément pris en considération par les moteurs de recherche pour lesquels il constituera un indice de classement.

Je vous conseille fortement de choisir un nom de domaine facile à retenir par tous les internautes. Évitez soigneusement les noms de domaine pouvant induire en erreur ou assortis d'une orthographe trop complexe. Préférez dans tous les cas les mots les plus proches de la phonétique. Testez vos idées auprès de votre entourage en proposant à vos interlocuteurs d'écrire votre nom de domaine une à deux heures après le leur avoir cité.

Le choix d'une extension peut également avoir son importance. Il existe un très grand nombre d'extensions disponibles : « .fr » ; « .com » ; « .eu » ; « .tv » ; « .mobi » ; « .org » ; etc.

Cet aperçu non exhaustif vous permettra de choisir une extension pertinente. Quelles sont les règles de choix en la matière ?

Les extensions les plus courantes sont les « .com » et les « .fr ». Intuitivement, l'internaute qui recherche sur la Toile l'adresse de votre site Internet aura 80 % de chance de taper l'une de ces deux extensions. À défaut d'une activité spécifique, préférez encore et toujours de choisir ces extensions (plus faciles à mémoriser). Si par exemple vous créez une activité liée à la vidéo en ligne, vous avez peut-être intérêt à vous poser la question d'une extension telle que « .tv ». Si votre projet a pour vocation de couvrir une activité d'import/export, vous pouvez également envisager l'extension en «.eu» (comme Europa).

Le prix de la réservation de votre nom de domaine varie en fonction de votre extension. Cependant cette dépense reste relativement faible. Elle s'échelonne entre 11 et 35 euros, payables annuellement.

Plusieurs extensions

Si votre budget vous le permet, n'hésitez pas à vous positionner sur plusieurs extensions disponibles. Cela peut vous éviter de mauvaises surprises. En effet, certaines personnes peu scrupuleuses achètent les noms de domaines ayant une certaine notoriété. Elles réservent les extensions encore disponibles. En d'autres termes, si vous avez seulement réservé monsite.com, vous n'êtes pas à l'abri de trouver un jour sur la Toile un site dont l'adresse Internet est monsite.fr. Afin d'éviter ce type de situation fâcheuse, pensez à réserver le maximum de combinaisons disponibles.

Vérification de la disponibilité d'un nom de domaine et enregistrement

Afin d'enregistrer votre nom de domaine, vous allez devoir faire appel à des entreprises telles que Gandi ou encore Namebay (liste non exhaustive). Quelles sont ces entreprises ?

Il s'agit d'acteurs communément appelés *«registrars»* ; en français, «bureaux d'enregistrement». Ce sont des prestataires assurant l'enregistrement et la gestion des noms de domaines. Peu connus du grand public, les *registrars* assument un rôle très important dans la communication Internet.

En contact direct ou indirect avec le client final (vous), ils travaillent avec divers registres, et ce, en fonction des extensions commercialisées.

Par exemple, pour le «.fr», les *registrars* travaillent en collaboration avec l'AFNIC, qui est chargée de gérer de manière exclusive cette extension.

À chaque fois qu'un nom de domaine est réservé, le *registrar* reverse au registre chargé de l'extension une certaine somme d'argent. Chaque transfert ou renouvellement de nom de domaine est toujours tracé et historisé grâce à cette organisation complexe.

Les extensions «.com», les plus répandues dans le monde, sont exclusivement gérées par ICANN (Internet corporation for assigned names and numbers), situé aux États-Unis.

Avant tout enregistrement de votre nom de domaine, le *registrar* vérifiera sa disponibilité auprès de plusieurs registres. Seuls les noms de domaine non réservés sont à votre disposition. Si vous souhaitez prendre possession d'un nom de domaine déjà réservé, vous devez obtenir l'accord de son propriétaire initial. La cession de gré à gré est parfaitement possible. Le prix de la transaction sera à négocier directement avec son propriétaire.

Commission nationale
de l'informatique
et des libertés (CNIL)

Votre site permet généralement aux internautes de vous contacter. Certains modèles économiques que nous avons étudiés plus haut (chapitre 1) sont exclusivement dédiés à la démarche de collecte d'informations personnelles. Cette collecte, encadrée par la loi, est surveillée par la CNIL. Les sanctions font également partie de ses prérogatives.

Si votre activité Web vous amène à stocker ou à manipuler les données personnelles de vos internautes (collecte, enregistrement, utilisation ou transmission), vous devez déclarer cette activité auprès de la CNIL. La définition des données personnelles s'entend de manière précise. Il s'agit de toute information relative à une personne physique identifiée ou susceptible de l'être, directement ou indirectement (identifiants ou références propres à une personne donnée).

En l'absence d'une telle déclaration, vous pouvez être sanctionné par une amende pouvant se monter à 300 000 euros maximum.

Il existe, à l'heure actuelle, plusieurs modèles de déclarations à effectuer auprès de la CNIL. Selon votre qualité et votre activité professionnelle, vous trouverez directement sur le site Internet de la CNIL les formulaires appropriés.

Institut national de la propriété industrielle (INPI)

L'INPI est un établissement public français. Comme la CNIL, il siège à Paris. Ses missions principales sont les suivantes :

> recevoir les dépôts et délivrer les titres de propriété industrielle : brevets, marques, dessins et modèles :

> participer à l'élaboration du droit de la propriété industrielle ;

> mettre à la disposition du public toute information nécessaire pour la protection des titres de propriété industrielle.

La plupart des entrepreneurs connaissent l'INPI dans le cadre du dépôt de leur marque.

Voici quelques informations pratiques que vous devez connaître :

— Au sens de la propriété industrielle, la marque est un «signe de ralliement» servant à distinguer précisément vos produits ou services de ceux de vos concurrents.

— En déposant votre marque à l'INPI, vous obtenez l'exclusivité de son exploitation valable pendant dix ans et renouvelable indéfiniment.

— Votre marque peut prendre des formes variées telles qu'un mot, un nom, un slogan, des chiffres, des lettres, un dessin ou bien sûr un logo.

— Les marques déceptives (de nature à induire le public en erreur sur leur qualité, l'origine et la nature du produit) ou descriptives (désignation générique) ne peuvent pas faire l'objet d'une protection. Ainsi, le mot « chocolat » ne peut pas être déposé seul pour désigner une entreprise spécialisée dans la chocolaterie (désignation générique). Cette même entreprise ne pourra pas non plus déposer la marque « 100 % Chocolat », car elle risque d'induire en erreur le consommateur (marque déceptive).

Le dépôt de votre marque a un coût. Il dépend essentiellement du nombre de classes sélectionnées. Comptez un coût forfaitaire de 200 euros pour un dépôt électronique. Ce forfait comprendra une sélection de trois classes au maximum. Comptez également 40 euros par classe additionnelle au-delà de la troisième classe.

Un dépôt de marque n'a pas pour vocation de protéger un nom de manière générale, mais un nom lié à des produits et/ou des services. Pour plus de facilité, les différents produits et services ont été organisés par classes. Il existe quarante-cinq classes répertoriées.

Consultez attentivement le site www.inpi.fr avant de démarrer vos démarches.

© Groupe Eyrolles

Vous êtes prêt à vous lancer dans cette passionnante aventure de création de votre activité sur Internet ? Mettez toutes les chances de votre côté.

Ne vous dispersez pas

Déterminez de manière concrète votre *business model*. Non pas qu'il ne pourra pas évoluer une fois l'activité lancée, mais la tentation de tester plusieurs pistes à la fois est très grande chez les entrepreneurs débutants. Passer son temps à courir derrière plusieurs choses à la fois peut vous essouffler dangereusement. Pour éviter cet écueil, rappelez-vous de vos priorités présentes dans votre business plan. Concentrez-vous sur les sujets prioritaires capables d'assurer votre revenu principal. Ce faisant, vous sécuriserez plus rapidement la stabilité du projet.

Estimez les capitaux nécessaires

Savoir de combien d'argent vous avez besoin pour lancer votre projet est primordial. Cette estimation vous permettra tout d'abord de valider la viabilité de votre démarche. En outre, un chiffre concret aura l'avantage de vous réconcilier avec les réalités. Pour autant, un montant trop important ne doit pas être vécu comme une barrière insurmontable. Les investisseurs sont des professionnels tout à fait capables d'injecter des fonds dans votre activité, mais, n'étant pas des mécènes, ils vous demanderont cependant de justifier l'intérêt de votre projet. Plus vos ambitions sont fortes, plus vous devez être prêt à défendre et à démontrer le bien-fondé de vos raisonnements. Soyez aussi factuel que possible. La passion et l'investissement personnel dont vous allez faire preuve sont importants. Toutefois, ce qui sera retenu en définitive sera votre business plan, qui devra être clair et chiffré.

Prenez du recul pour choisir votre statut juridique et protégez votre future marque

Ne vous laissez pas influencer par les dernières tendances pour choisir le statut juridique de votre entreprise. Le statut « universel » n'existe pas. Repensez avec recul aux différents paramètres évoqués dans cette partie du livre et mettez en perspective vos exigences principales avec les avantages et les inconvénients propres à chaque statut. N'hésitez pas à demander conseil auprès de professionnels tels que des experts comptables ou des avocats spécialisés en droit des affaires. Cette démarche vous permettra de connaître les derniers textes de loi en vigueur. Pensez également à déposer votre marque et à réserver votre nom de domaine.

Partie 2

Créer un site Internet attractif

Détaillons à présent les composantes fondamentales qui assurent la pertinence et le succès commercial de votre site. Pratique, cette deuxième partie vous propose non seulement une check-list fonctionnelle pour réussir l'ergonomie de votre site, mais vous permet également de vous faire une idée concrète des prestataires techniques dont vous aurez sans doute besoin.

Chapitre 1

Comment choisir un prestataire technique

Le marché français des agences Internet peut être divisé en deux types d'intervenants. D'une part, des agences généralistes ayant pour particularité d'intervenir sur toute la chaîne des métiers Web, d'autre part les agences spécialisées. L'approche généraliste s'adresse essentiellement aux PME. Les spécialistes, quant à eux, visent le marché des grands comptes.

Agences Internet généralistes

Plusieurs synonymes peuvent désigner cette activité : *Web agencies*, agences digitales ou encore agences de création de sites Internet.

Fondamentalement, le métier d'une agence Internet consiste à créer des supports numériques pour le compte de ses clients. Contrairement à des agences de publicité ou de communication classiques, les agences Internet prennent en charge la promotion numérique sous forme de sites, bannières publicitaires ou encore des animations graphiques diversifiées.

Plusieurs savoir-faire leur sont nécessaires pour être en mesure d'accompagner les créateurs d'entreprises. Il s'agit non seulement de déployer une démarche technique mais également être en mesure d'assurer les processus d'accompagnement.

Audit

Autrement dit, il s'agit de faire un état des lieux afin de consigner vos besoins. L'une des questions centrales est de connaître le point de départ du client. Pour cela, il faut prendre en compte son existant et son historique. Ainsi, l'audit permet de mettre en place un ensemble de préconisations validées avec le client. Pour résumer, cette première étape sert à mesurer le chemin commun à parcourir.

Conception/déploiement

Étant donné que les agences Internet ne sont pas seulement spécialisées dans le conseil, mais aussi dans la réalisation, elles déploient votre projet de manière opérationnelle et technique. Cette étape décisive donne corps à votre projet Internet, qui revêt alors une identité au sens général (attributs de l'entreprise) et une identité graphique interactive au sens particulier (menu de navigation, son, images, textes et animations). On passe ici d'un concept à une conception.

Livraison/promotion

Tout projet donne lieu à une livraison. Étape indispensable, la livraison vous permet de vous assurer que les exigences énoncées dans votre cahier des charges sont bien respectées par le prestataire. C'est alors que l'étape de la promotion de votre site en ligne peut commencer.

Habituellement, les agences Internet assurent le référencement des sites de leurs clients afin de les exposer au trafic Internet, c'est-à-dire l'ensemble des visites générées *via* les moteurs de recherche, annuaires, médias sociaux et autres supports Web.

Couvrant une palette de métiers large, les agences Internet restent les acteurs privilégiés de tous ceux qui souhaitent opérer en ligne.

Agences de conseil spécialisées en « Web marketing »

Très proches en apparence de leurs homologues agences Internet, les agences de conseil en « Web marketing » développent pourtant des compétences bien distinctes. Visant pour la plupart du temps les entreprises grands comptes, ces agences axent leur approche dans la mise en œuvre d'une stratégie de l'e-marque et de l'e-notoriété.

Soucieux de prolonger leur communication classique *via* le canal Internet ou d'en concevoir une supplémentaire en mode *pure play*, les clients de ces agences sont à la recherche d'un moyen de bâtir une stratégie numérique.

Ainsi les missions courantes des agences de conseil peuvent se résumer schématiquement de manière suivante.

Design

Cent pourcent des grands comptes possèdent une charte, une identité graphique élaborée. Les études de design permettent de définir le style de la marque et d'assurer son prolongement sur Internet.

Stratégie

Être présent sur Internet n'est pas une stratégie en soi. Quel type d'information et de fonctionnalités ce canal va-t-il véhiculer ? Les agences de conseil proposent à leurs clients des leviers tels que des sites Internet animés façon showroom, outils de SAV ou de réclamation, de « buzz » ou de collecte d'informations (e-CRM).

Marques blanches et modèles *templates*

Rien ne vous oblige à créer un site Internet sur mesure. Vous pouvez également opter pour le choix d'un prestataire qui vous proposera des modèles de sites déjà existants. Dans ce cas, on parle des sites *templates*. Pour être clair, tout se passe comme dans un hôtel : vous choisissez votre chambre et y amenez toutes vos affaires pour votre séjour. La décoration (habillage du site) et les affaires (textes et images) vous sont personnelles, l'architecture de la chambre (l'arborescence de navigation) a été choisie par l'hôtel. Si l'architecture ne vous convient pas, c'est que vous n'êtes pas dans la bonne chambre. Ce mode de fonctionnement présente l'avantage d'être économique.

Certains prestataires vous proposent un système de fonctionnement très proche de celui des *templates*. Si vous créez une boutique en ligne, vous pouvez trouver un prestataire susceptible de vous proposer une boutique déjà toute prête. Son back-office (interface d'administration) est commun à toutes les autres boutiques vendues par ce même prestataire. Il vous permettra d'effectuer un certain nombre d'actions prédéfinies. Ce fonctionnement peut convenir à tous les projets standards. Renseignez-vous toujours au préalable auprès de votre futur prestataire pour savoir si sa solution « en marque blanche » correspond minutieusement à votre besoin. Dans la négative, il vous conviendra soit de faire l'impasse sur un certain nombre de spécificités de votre projet, soit de vous adresser à un prestataire spécialisé dans le sur-mesure.

SSII (société de service en ingénierie informatique)

Les SSII sont apparues au début des années 1980. Spécialisées dans la prestation de service, elles offrent à leurs clients des compétences spécifiques en ingénierie logicielle, infogérance et conseil en organisation. Si votre projet ne nécessite pas de développement informatique lourd, passez votre chemin. Du fait de leur spécificité, les SSII pratiquent des tarifs allant de 350 à 1 000 euros par jour.

Hébergeurs

L'hébergement peut se définir comme la prestation d'un service visant à rendre un site Web accessible sur Internet. Afin que vos pages Web soient visibles de tous, elles doivent être stockées sur un serveur.

L'objectif principal d'un hébergeur est de permettre l'accès à votre site de manière stable, rapide et continue. Pour ce faire, les hébergeurs déploient des moyens considérables. Ils surveillent, entretiennent et veillent au bon fonctionnement des serveurs en permanence. L'hébergeur doit par exemple anticiper les pannes électriques en rendant possible l'alimentation de son système par des batteries. Il veille également à la sécurité des informations hébergées. Il effectue non seulement des back-up réguliers (opération de sauvegarde d'informations), mais protège également vos fichiers contre des attaques malveillantes venant de l'extérieur.

Chapitre 2

Les quatre composantes fondamentales d'une ergonomie réussie

L'ergonomie est une discipline qui a pour objectif de rendre les sites Web plus aisés d'utilisation.

L'internaute doit être en mesure de se repérer facilement sur votre site tout en faisant le rapport immédiat entre les actions auxquelles il est invité et les interactions qui en résulteront. On peut également parler de la notion d'intuitivité.

L'ergonomie est un dosage complexe comprenant quatre composantes fondamentales : l'accessibilité, le design, la navigation et les fonctionnalités. Ces composantes doivent contribuer à faciliter et à satisfaire l'internaute durant sa phase de navigation.

Accessibilité

L'une des principales composantes de l'ergonomie est l'accessibilité. Le site doit être facilement et rapidement « pris en main » par un maximum de personnes. Il n'est pas réservé à une élite d'internautes « super-utilisateurs ». Cette règle doit rester vraie depuis n'importe quel ordinateur connecté.

URL d'accès simple

Pour qu'un site soit facilement accessible, il faut que son URL (adresse) soit simple, intuitive et donc facilement mémorisable. En effet, de nombreux internautes accèdent à un site en tapant l'url directement dans le navigateur.

Rapidité du temps de chargement des pages

Internet est le média de l'instantané. Par conséquent, le temps de chargement des pages joue un rôle très important dans l'appréciation du site. Si celui-ci a une vocation grand public et s'il se donne pour ambition de créer du trafic en touchant un maximum d'internautes, le temps de chargement d'une page (surtout la page d'accueil) doit être quasi immédiat.

Universalité des technologies utilisées

L'emploi des technologies spécifiques de programmation, d'animation et de diffusion nécessite une certaine prudence. En effet, bien que le plug-in Flash soit désormais présent sur la plupart des ordinateurs connectés, de nombreuses technologies ne sont pas encore devenues des standards. De même, certains développements ne fonctionnent que sous des environnements spécifiques. Il existe par exemple de nombreuses incompatibilités entre Internet Explorer et les autres navigateurs.

Dans tous les cas, il est indispensable de vérifier que tous les éléments de votre site s'affichent et fonctionnent correctement sur les navigateurs les plus utilisés.

Respect des usages d'Internet

Lors de la conception d'une interface Web, il est important de se conformer aux usages du Net. En effet, comme dans toute interface, les utilisateurs sont plus ou moins conditionnés par leurs expériences passées et leurs habitudes.

Il est ainsi d'usage qu'un lien html dans un corps de texte soit symbolisé par le soulignement du mot ou de la phrase. De même, il est convenu de placer les éléments de navigation plutôt en haut et sur la partie gauche de la page. Le logo de l'entreprise doit également se trouver en haut à gauche.

Design

Dans le langage Internet, le mot « design » est le plus généralement synonyme de l'aspect graphique du site. Le design de votre site doit être choisi non seulement en fonction de vos propres goûts, mais aussi de votre cible d'internautes.

Cohérence avec l'image de l'entreprise et de sa stratégie de communication en ligne

Le design d'un site Internet doit servir l'objectif et la stratégie de communication globale de l'entreprise. Dans ce sens, la charte graphique du site doit refléter et communiquer une image et une identité visuelle adaptées à sa stratégie. Ainsi, l'internaute s'attend à retrouver en ligne tout ou partie de ce qu'il connaît déjà d'une entreprise, d'une marque ou d'une enseigne (logo, slogan, univers, etc.).

Le design moderne ou futuriste peut permettre à l'entreprise de modifier son image en la faisant percevoir comme innovante et tournée vers l'avenir.

Charte graphique

Pour une utilisation facile et un apprentissage rapide de navigation au sein d'un site, la charte graphique doit être homogène sur l'ensemble des pages. Dès la page d'accueil, l'internaute identifie les éléments de navigation et les zones de contenu. Cette expérience doit être de préférence répétée sur toutes les autres pages du site. Dans le cas contraire, l'internaute peut être perturbé. Il quittera alors rapidement le site.

Éléments graphiques

Comme pour tout support de communication, les éléments graphiques doivent être au service de l'information. L'utilisation de pictogrammes, d'images, d'animations Flash, etc., doit illustrer vos propos en leur apportant une valeur ajoutée supplémentaire. Il faut également veiller à ce que les pages ne soient pas trop surchargées en éléments graphiques. Les yeux de l'internaute doivent en permanence être guidés vers les zones et les informations stratégiques pour votre activité.

Navigation

Page d'accueil efficace

La page d'accueil doit être traitée avec une attention toute particulière, car elle est votre vitrine. Ainsi, lorsque vous êtes devant un magasin, ses vitrines vous permettent de vous faire une idée de ce que vous allez trouver à l'intérieur. Il en va de même pour votre site. L'internaute doit pouvoir distinguer les éléments suivants :

> le logo de votre site Internet ;

> un accès direct aux produits et services proposés ;

> des informations de bienvenue régulièrement mises à jour ;

> des zones de navigation identifiables instantanément ;

> un lien vers les mentions légales ;

> un accès au formulaire de contact ;

> un accès à une page ou rubrique de présentation de la société (Par exemple : « Qui sommes-nous ? »).

Intuitivité et cohérence

Pour être efficace, un site doit proposer une navigation intuitive et cohérente. Ainsi, les internautes doivent faire un minimum d'efforts pour se repérer dans le site et trouver les informations qu'ils recherchent.

Les éléments de navigation du site Internet doivent respecter les logiques du parcours visuel. Dès l'affichage de la page d'accueil, les yeux de vos visiteurs vont effectuer des mouvements formant un « z ». Le regard part du haut à gauche et se termine vers le bas droit de l'écran.

Lisibilité optimale

À l'intérieur du site, les éléments de navigation doivent faciliter la navigation descendante et transversale. Le principal enjeu est de faciliter et de réduire au maximum le temps d'accès à l'information recherchée. Veillez tout particulièrement à la lisibilité de la barre de navigation. Vos rubriques doivent être hiérarchisées pour faciliter la compréhension tout en donnant du sens à la lecture des informations.

Recherche et accès faciles

Plus qu'une simple vitrine, la page d'accueil doit d'emblée présenter l'ensemble des principales rubriques du site. D'un seul coup d'œil, l'internaute se fera une idée des contenus et fonctionnalités du site. Il lui sera possible d'y accéder en un seul clic. On parle alors de *« click away »*. Il s'agit de mesurer, en nombre de clics, la distance qui sépare un internaute de l'information recherchée.

Arborescence

À tout moment et à n'importe quel endroit du site, l'internaute doit pouvoir se repérer rapidement. Sur quel type de pages se trouve-t-il ? Où peut-il aller ? Comment revenir à la page d'accueil ? Commencez par l'aider en affichant par exemple en surbrillance la rubrique sur laquelle il se trouve au moment de sa navigation. Utilisez également la technique du fil d'Ariane. Elle consiste à afficher le chemin parcouru par l'internaute.

Le fil d'Ariane

Exemple :
Accueil > Produits > Jeunesse > Livres > Nom du produit

Ainsi, l'internaute peut non seulement visualiser son parcours, mais aussi cliquer sur une des rubriques précédentes afin de rebrousser chemin.

Fonctionnalités

Au moment de la conception de votre site Internet, vous devez vous mettre à la place de vos futurs internautes et vous poser les questions suivantes : de quoi ont-ils vraiment besoin ? Comment puis-je améliorer leur expérience de navigation et répondre à leurs attentes ? La réponse unique à cette question n'existe pas, tant les projets Web sont différents et s'adressent à un public avec des attentes diversifiées. Quelques conseils généralistes peuvent toutefois être énumérés.

La page contact

Très importante pour votre site, la page contact permettra aux internautes de vous adresser un message à l'aide d'un formulaire.

Pensez à préciser vos horaires d'ouverture et de fermeture ou votre numéro de fax si votre business model se base sur une recherche de contacts directs. Si votre fonctionnement repose sur une mécanique purement Web, le formulaire de contact suffira.

Vous avez probablement remarqué que les « grands » sites Internet dédiés au *pure play* évitent à tout prix de fournir des informations comme des e-mails ou encore des numéros de téléphone. Ceci leur permet de gérer de manière économique leur relation client. Ce système d'intercommunication limite les débordements de l'entreprise.

La page plan

Très importante pour certaines activités de *click and mortar*, la page plan permet à vos internautes de vous situer sur la carte. Parfois à la recherche de proximité, ils privilégieront une entreprise rapide d'accès. Cette règle ne s'applique pas aux projets *pure play*, du fait de leur dématérialisation.

Ajout aux favoris

Cette fonctionnalité très ludique permettra à tous les internautes qui ont aimé votre site Web de l'ajouter à leurs favoris. Bien entendu, cette pratique favorise la fidélisation.

Fonction de partage

Les fonctions de partage sont de plus en plus utilisées sur la Toile. Leur fonctionnement est assez simple. En activant une telle option sur votre site Internet, l'internaute peut poster sur son profil Facebook ou autre un lien vers votre page. La fonction de partage vous permettra d'être diffusé gratuitement sur les plateformes communautaires capables de relayer l'information.

Newsletter

Excellent prétexte pour constituer une base de prospects, la newsletter vous permettra de collecter des informations nécessaires aux envois de vos actualités. Un grand nombre de sites marchands utilisent cette fonctionnalité pour signaler aux internautes les différentes promotions ou événements en cours. En résumé, la newsletter permet d'animer et de fidéliser efficacement son réseau.

Flux RSS

RSS désigne une famille de formats XML utilisés pour la syndication de contenus Web. L'utilisateur abonné à vos flux peut consulter rapidement les dernières mises à jour de votre site Internet sans avoir à s'y rendre. Le contenu de votre flux RSS a la particularité d'être produit automatiquement après chaque mise à jour du contenu.

La lecture d'un flux RSS se fait à l'aide d'un agrégateur (lecteur). L'internaute intéressé par votre flux d'informations devra renseigner l'adresse du fil RSS dans son agrégateur afin d'accéder à vos mises à jour.

Les agrégateurs les plus connus actuellement sont Google Reader, iGoogle, Netvibes ou encore cNews.

Téléchargement

Proposez à vos internautes de télécharger différents types de documents. De quoi peut-il s'agir ? Les idées ne manquent pas : fiches techniques, fiches produits, ou pourquoi pas votre revue de presse ? Certains sites Internet mettent en place des livres blancs ou encore des minis *e-books*. Il vous sera toujours possible de « monnayer » ces informations pratiques en proposant à votre internaute de remplir un formulaire avec ses coordonnées. Ainsi, la fonction de téléchargement devient non seulement une manière de partager les informations, mais aussi la façon de les collecter.

Favicon

Un favicon est une icône informatique symbolisant un site Internet. Pas vraiment une fonctionnalité, un favicon s'affiche dans les navigateurs Web au niveau de la barre d'adresse, associant ainsi l'adresse de votre site Internet et un sigle distinctif. Cette « astuce » facile à mettre en place favorise la mémorisation de votre identité. La taille de cette icône est généralement de 16 × 16 ou 32 × 32 pixels. Si vous en avez la possibilité, demandez à votre prestataire sa mise en place.

Exemple de Favicon
sur le site Internet Cdiscount.com

Chapitre 3

Créer une charte éditoriale accrocheuse

Pour être réellement attractif, votre site Internet ne peut se contenter d'être seulement agréable à regarder ou fonctionnel. Il lui appartient également d'être pertinent au niveau de son contenu rédactionnel. Cette partie a pour but de vous aider à mettre en place une charte éditoriale conforme aux usages du Web. Elle vous donne également la clé pour connaître et comprendre votre audience tout en s'adaptant à ses attentes particulières. Un site pertinent est un site qui transforme mieux son audience en clients !

Écran d'ordinateur, pages d'un livre : quelles différences ?

Oubliez les histoires longues et interminables qui décrivent votre société. Mettez de côté les descriptifs faisant plusieurs pages. Enfin, renoncez à l'écriture de votre *success story* digne d'un roman. On ne lit pas sur un écran d'ordinateur comme on parcourt les pages d'un livre ! L'internaute est « zappeur » par définition, la lecture intense le fatigue et le lasse très rapidement. Résultat : il se contente de « scanner » les pages en lisant votre contenu en diagonal.

La prise de conscience des spécificités de la lecture sur Internet doit vous permettre de mettre en place une charte respectant ces codes. Les règles fondamentales sont les suivantes :

> l'information est toujours hiérarchisée ;

> les titres importants sont écrits en gras ;

> chaque idée ou paragraphe est valorisé par une puce ;

> l'utilisation de la couleur est limitée ;

> la répétition est inutile ; les liens hypertexte renvoient les internautes vers l'endroit qui explique ou définit le sens d'un mot, d'une phrase ou d'un argument commercial ;

> les textes doivent être mis en valeur en étant illustrés par des images ou des schémas simples à comprendre.

Statistiquement, plus de 70 % de vos internautes passeront moins de deux minutes sur votre site Internet. Dans ces conditions, aller à l'essentiel n'est pas un luxe, mais une nécessité absolue.

Qui sont mes internautes : DoubleClick Ad Planner

« Si seulement je connaissais les centres d'intérêt de mes visiteurs Internet ! Si en plus, je pouvais connaître leur comportement… » Tout cela est en partie possible grâce à DoubleClick Ad Planner, plateforme éditée par le géant américain Google. Initialement dédiée aux professionnels

du marché Internet, cette plateforme entièrement gratuite et disponible en ligne sans aucune installation préalable vous aidera à rédiger un contenu proche et pertinent pour votre cible de visiteurs. Comment cela fonctionne-t-il ?

Pour commencer, tapez dans votre moteur de recherche « DoubleClick Ad Planner ». Vous y êtes ? Je vous conseille de créer alors votre compte Google. Cette opération, qui ne prendra que quelques minutes, vous permettra d'accéder aux services additionnels de la plateforme. Toutefois, cette démarche demeure facultative.

Le principe de DoubleClick Ad Planner est extraordinairement simple. Vous avez certainement en tête un site Internet proche, sinon similaire à votre future activité. Tapez son adresse Internet complète dans la barre de recherche disponible à cet effet. Pour simuler ensemble un exemple concret, nous envisagerons la création d'un site marchand ayant pour vocation de vendre en ligne des produits culturels et tout particulièrement des livres neufs. Étant très proche d'un site Internet célèbre qui est fnac.com, nous taperons son adresse complète dans la barre de DoubleClick Ad Planner. Dans cet exemple, seule la cible française nous intéresse. Sélectionnons alors dans le menu déroulant le pays correspondant : France. Nous voici arrivés aux données statistiques de ce célèbre site : passons-les en revue.

Statistiques de trafic (visite)

En moyenne, un visiteur français passe sept minutes et trente secondes sur le site Fnac.com. Il visite 5,4 pages en moyenne.

Il s'agit ici d'une durée de visite assez longue. Ceci peut potentiellement s'expliquer par deux phénomènes distincts : soit le site étudié comporte un grand nombre de pages intéressantes, soit chaque page du site (essentiellement « page produit ») comporte un descriptif riche et intéressant pour les internautes. Bien entendu, un site Internet peut cumuler ces deux avantages. L'hypothèse qui semble se préciser est la suivante : l'internaute qui vient sur le site de la fnac connaît déjà le ou les produits qui l'intéressent. Il accorde à chaque page visitée plus d'une minute de son temps.

Cela signifie que votre futur site Internet doit accorder une place importante aux descriptifs. Le comportement des visiteurs de votre site ne sera pas purement exploratoire, leur recherche est sans doute technicienne (recherche de détails précis). Cette analyse vous semble incomplète ou raccourcie ? Possible.

Utilisons alors ce même outil pour étudier un autre site Internet : Chapitre.com. Même constat pour les internautes français. Le site affiche les statistiques suivantes : 3,6 pages visitées en moyenne par un visiteur pour une durée moyenne de visite de quatre minutes et cinquante secondes. Ceci peut alors conforter notre première intuition. Le technique prime sur l'exploratoire.

Sexe

Contrairement aux statistiques affichées pour le site Fnac.com, qui semblent faire état d'une répartition équitable entre les deux sexes, tous les sites ne bénéficient pas d'une telle répartition. Pensez à inclure cette information dans votre approche rédactionnelle en favorisant des sujets ou des visuels adaptés à votre audience principale.

Âge, niveau d'études, revenu

Dans le même exemple, nous constatons que les tranches d'âge les plus représentatives du site Fnac.com sont celles comprises entre 25 et 44 ans. Le niveau d'études est assez représentatif de la population française.

Le revenu moyen observé se situe entre 36 000 et 54 000 euros pour 43 % de trafic enregistré.

Ces informations, variables d'un cas à un autre, vous permettront non seulement de construire une charte éditoriale cohérente, mais vous donneront également quelques pistes sur le positionnement commercial de votre projet.

Pensez à vous servir de ces informations pour déterminer le champ lexical à utiliser sur le site.

Centres d'intérêt de l'audience

En consultant les statistiques dans les rubriques « Autres sites visités » et « Centres d'intérêt de l'audience », également disponibles sur DoubleClick Ad Planner, vous comprendrez mieux ce que recherche votre cible. Vous noterez aussi quelles sont ses habitudes de navigation.

À partir de ces constats, vous pourrez envisager de mettre en avant le contenu ou les produits les plus plébiscités par les internautes. Il vous sera également possible d'entrer en relation avec les sites Internet non concurrents les plus visités par votre cible pour leur proposer une coopération commerciale.

Pour conclure, afin d'affiner vos constats, n'hésitez pas à passer en revue les statistiques de plusieurs sites Internet. Seule une analyse comparative et pondérée vous permettra de tirer des conclusions fiables. Ce travail vous aidera à définir une charte éditoriale pertinente.

Les rubriques utiles

Un site Internet n'est rien d'autre qu'un ensemble de rubriques et de fonctionnalités disponibles pour les internautes. Nous avons déjà vu ensemble quelques exemples de fonctionnalités que vous pouvez proposer à vos visiteurs. Voyons à présent de quelles rubriques votre futur site pourra disposer.

Produits et services

Il est important de réfléchir à la meilleure façon de présenter vos produits ou services. Ceci se traduira par plusieurs pages avec du contenu. Une structure de site bien organisée voudrait que chaque service ou activité soit décrit sur des pages Web séparées, par exemple : Activité 1, Activité 2, Activité 3. Il est également possible pour une entreprise pluridisciplinaire de créer des pages telles que « Activités », « Services », ou « Produits ». Pensez toujours à illustrer vos propos avec des images ou des photos assorties.

Réalisations

Votre site aura plus d'impact si vous parlez de vos réalisations. Vous pouvez, par exemple, les illustrer avec quelques photos ou d'autres représentations. Si, par exemple, vous êtes spécialisé dans le domaine de la création artistique, affichez le fruit de votre travail sur le site.

Actualités

Communiquez sur vos nouveautés et fidélisez vos internautes. Vous serez présent à un salon professionnel programmé bientôt ? Ne manquez pas de le faire savoir à tous vos clients et prospects en leur donnant l'occasion de vous y retrouver.

Promotions

Mettez en avant les réductions ou les opérations spéciales que vous proposez. Les internautes apprécieront de constater que votre site est animé et ne manqueront pas de le mettre dans leurs favoris pour suivre votre activité.

Témoignages clients

Faites parler vos clients ! Vous avez sans doute quelques clients qui accepteront de vous prêter main-forte en partageant avec les internautes leur expérience de collaboration réussie.

Informations pratiques

Donnez le maximum d'informations à tous vos prospects concernant votre situation géographique, les moyens d'accès, les distances et les points de proximité les plus connus. Vérifiez avec soin vos numéros de téléphones affichés. Rappelez également vos heures d'ouverture (entreprises *brick and mortar*).

FAQ (Foire aux questions ou Frequently Asked Questions)

Définissez une liste de questions que les internautes vous posent le plus fréquemment. En l'absence de cette expérience, essayez de l'envisager. Une rubrique FAQ n'est rien d'autre qu'une synthèse regroupant les questions les plus fréquentes associées à des réponses appropriées. Ce travail vous permettra non seulement de satisfaire le besoin, souvent instantané, d'un internaute à obtenir une réponse pour se rassurer, mais il représentera aussi pour vous un gain de temps considérable.

L'intérêt de l'affichage des prix

La question de l'affichage des prix sur Internet est souvent épineuse. Inexistante pour un site marchand qui a pour obligation d'afficher ses tarifs, elle reste cependant entière pour les créateurs d'entreprises œuvrant dans les secteurs de service. Voici une table de décision simple qui découpe l'offre et la demande selon deux critères : banalisation/spécificité. Ainsi, on constatera rapidement qu'une demande qu'on peut estimer comme étant standardisée ou encore banalisée nécessite un affichage de prix. En d'autres termes, lorsqu'un internaute pense que sa question est évidente, il exige de vous une réponse immédiate et limpide. En revanche, lorsqu'il croit que son besoin est complexe, il attend une étude de son cas particulier.

Caractéristique de la demande	Caractéristique de l'offre	
	Banalisée	Spécifique
Banalisée	Marché de la concurrence avec une forte pression sur les prix affichés.	Utilisation d'une base de données permettant de calculer le prix « multicritère » affiché.
Spécifique	Prix sur devis, pas d'affichage.	Élaboration d'un cahier des charges, le prix prédéterminé n'existe pas.

en pratique

Offre spécifique/besoin banalisé

Votre site Web propose des prestations de déménagement. L'internaute aura souvent tendance à penser que son besoin est simple à satisfaire. Il s'attend donc à une réponse rapide, sinon immédiate. En tant que professionnel du déménagement, vous savez pertinemment que le prix de votre prestation dépend essentiellement des critères suivants :

» distance entre le point de départ et le point d'arrivée de la livraison ;

» prix du carburant ;

» cubage des objets transportés.

D'autres critères, tels que la difficulté d'accès à la livraison ou encore les heures décalées de livraison peuvent influencer l'établissement de votre devis. Toutefois, et de manière schématique, ces trois critères apportent sans doute 80 % de la réponse.

En mettant sur votre site Internet un module d'estimation, vous donnez l'occasion à vos internautes de calculer leurs devis estimatifs de façon ludique. En renseignant les adresses concernées par la prestation ainsi que le cubage estimatif, votre calculette pourra fournir en quelques secondes les premiers éléments de réponse. Ainsi, vous augmentez vos chances de remporter la prestation.

Chapitre 4

Donner plus de vie à son site Internet

Montrez à vos internautes que votre site Internet vit et évolue dans le temps. L'attractivité passe non seulement par un contenu régulièrement mis à jour, mais également par des animations qui accompagnement agréablement la lecture et la découverte de votre activité.

CMS, outil clé

Le système de gestion de contenu ou CMS (*Content Management System*) désigne un ensemble de logiciels destinés à la conception et à la mise à jour dynamique de pages Web. En séparant le contenu de la présentation (c'est le principe fondateur du CMS), il permet à n'importe quel rédacteur de mettre à jour son site sans connaissances spécifiques en codage. Le contenu est le plus souvent stocké dans une base de données. Le rédacteur accède facilement à cette base pour créer, modifier ou tout simplement mettre en ordre ses textes. La structure de la page reste toujours intacte.

La technologie Flash

Flash est un programme développé par Macromedia. Il permet de créer des animations interactives. Attention, les animations seront visibles uniquement si vos internautes possèdent le plug-in Flash Player diffusé gratuitement sur la Toile.

En 2011, 95 % des ordinateurs sont équipés de la technologie Flash. Il vous est toutefois possible de demander à votre prestataire de faire en sorte que l'animation soit remplacée par une image statique en cas de non-détection de cette technologie sur certains postes de navigation.

Intérêt des animations

La création d'une animation en Flash permet principalement de valoriser le contenu d'un site Internet. Une animation peut présenter toutefois des avantages et aussi des inconvénients en fonction de la façon dont elle est utilisée. Avant toute chose, elle doit être pertinente et utile. En outre, son intégration doit améliorer l'utilisation de l'interface d'un site Web.

Stratégie d'utilisation

Les animations passées une seule fois permettent d'attirer le regard sur une zone bien déterminée de la page. Les animations passées en boucle, quant à elles, apportent uniquement une valeur ajoutée concernant l'aspect graphique du site.

Web Call Back

Un internaute navigue sur votre site Internet. Il s'intéresse peut-être à votre activité, mais hésite encore à vous contacter. Le bouton de rappel automatique et gratuit (Web Call Back) est une technologie qui permet de faciliter son action de prise de contact. D'un simple clic, cette solution permet d'ouvrir une fenêtre Web où l'on peut inscrire un numéro de téléphone. Deux appels sortants seront alors effectués après la validation de ce numéro fixe ou portable. La solution appelle le propriétaire du site Web et l'internaute. Les deux interlocuteurs doivent décrocher pour être mis en relation.

En dehors de vos heures d'ouverture, l'internaute peut être accueilli par un message circonstancié. Du fait de sa gratuité et de son caractère immédiat, le Web Call Back constitue un véritable atout du Web 2.0.

Utilisation large ou restrictive

Le Web Call Back peut être intégré de plusieurs manières sur votre site Internet. Si vous cherchez à captiver l'ensemble de vos visiteurs, le bouton peut s'intégrer sur toutes vos pages navigables. Si en revanche vous visez une cible plus étroite, le Web Call Back s'intégrera uniquement sur les pages à forte valeur ajoutée. Si votre activité est marchande, vous pouvez envisager l'astuce suivante : le bouton s'affiche seulement si le panier de votre acheteur dépasse un certain montant. Ceci vous permettra de limiter drastiquement les abandons de paniers élevés tout en filtrant les appels entrants.

E-relation client

Le Web Call Back est aussi une solution d'e-relation client. Il permet non seulement de faciliter et de moderniser votre mode de communication client, mais vous donne aussi l'occasion de tracer les appels tout en les intégrant dans une base de données. En effet, ce type de solution est souvent accompagné par un back-office prévu pour retracer les appels émis par les internautes ou encore pour répertorier les numéros de téléphones associés aux noms de vos contacts.

Vidéo *online*

Cette solution vivante et innovante vous permettra sans aucun doute de rendre votre site Web plus attractif et d'inciter vos internautes à vous contacter davantage. Avant de vous lancer dans cette démarche, étudions ensemble la meilleure approche pour appliquer cette solution audiovisuelle.

Quelles sont les attentes de vos internautes ?

Vous pouvez choisir de communiquer soit sur votre entreprise de manière générale (communication du type «*corporate*»), soit d'axer le discours autour de vos produits et services. On parlera alors de communication «produit».

Pour les activités traditionnelles, préférez une communication «*corporate*», car elle sera plus en mesure de convaincre vos internautes. En revanche, si votre activité se base sur un savoir-faire rare ou spécifique, axez votre message autour de cette compétence.

Approche créative

Rien ne vous oblige à être sérieux, ni à communiquer «comme tout le monde». Pour les activités innovantes liées notamment au *pure play*, vous pouvez passer le message avec décalage ou humour. Dans tous les cas, essayez d'exposer votre sujet de manière simple et claire afin d'être compris par le plus grand nombre.

Durée

Inutile d'être trop long. Le message d'une minute devrait suffire pour convaincre l'internaute de l'intérêt de votre démarche. Comment faire ? D'abord, évitez les lieux communs. Ensuite, allez à l'essentiel. La vidéo *online* ne doit en aucun cas être un message publicitaire. Ayez dans tous les cas de figure le goût du court !

Les étapes de création

Votre vidéo *online* créée par une équipe professionnelle connaîtra plusieurs étapes avant sa diffusion finale. Elles sont au nombre de quatre.

Tournage

Après avoir validé avec vous le «*speech*» (discours) souhaité, votre prestataire se chargera de tourner la vidéo dans un studio de tournage, ou dans votre environnement professionnel. N'oubliez pas que vous pouvez confier votre «*speech*» à un acteur professionnel, tout comme vous pouvez jouer ce rôle vous-même. La seule condition dans ce cas est : être à l'aise devant une caméra.

Montage

Les éléments du tournage seront transmis à l'équipe spécialisée dans le montage. Les meilleures prises seront ainsi choisies afin de constituer une vidéo réussie et vendeuse. Le montage permet, selon vos besoins, d'ajouter des éléments visuels divers : titres, slogans, formes, arrière-plans, etc.

Intégration

Une fois votre vidéo achevée, elle passe par un process d'encodage. Actuellement, les formats tels que MP4 ou encore FLV sont les plus répandus sur le marché.

Hébergement et diffusion

Pour être diffusée *via* un site Internet, votre vidéo devra être hébergée par un prestataire. Assurez-vous toujours que le visionnage de votre vidéo se fasse de manière fluide et que les temps d'attente (parfois inévitables) ne soient pas trop longs. Il n'y a rien de pire que de mettre à disposition de vos internautes des éléments qui desservent votre communication.

Rich Media

Le Rich Media est avant tout une convergence de plusieurs outils numériques tels que le son, l'image, la photo ou encore la vidéo utilisés au sein d'une animation unique à destination des internautes. Regarder, écouter, lire, c'est bien. Interagir, c'est encore mieux !

Les créations fondées sur le principe du Rich Media sont innombrables. Imaginez par exemple un formulaire de contact ludique. Un personnage présent sur le site adresse à vos internautes une question à choix multiple. L'internaute répond à la question posée en cliquant sur le lien de son choix. Le même personnage le remercie d'avoir répondu à la question et lui pose une autre question en rapport avec son choix initial. Il lui propose également de télécharger une brochure qu'il tient à la main. « Intéressé ? », demande-t-il. Il tend vers l'internaute un formulaire que celui-ci peut remplir à l'aide de son clavier.

Vous l'aurez compris, les possibilités offertes par le Rich Media sont innombrables. Originales et innovantes, elles ne souffrent que d'un seul défaut : un coût d'acquisition relativement élevé.

Check-list de contrôle qualité

Avant de passer à l'étape suivante, c'est-à-dire le référencement de votre site Internet, assurez-vous d'avoir pris en compte tous les éléments essentiels à la création de votre « Web projet ». Servez-vous de la présente check-list afin de balayer l'ensemble de vos besoins et exigences.

Design graphique

Vous avez opté pour un site léger. Utilisez peu de couleurs et d'images. Les fonctionnalités occupent la place primordiale. Les animations sont limitées, voire inexistantes.

En cas de site *corporate*, la charte graphique s'impose. Vous cherchez en effet à rassurer vos visiteurs. Les animations et les présentations doivent en outre accompagner vos textes.

Cohérence avec la promesse de vente

Les éléments graphiques soulignent essentiellement votre promesse de vente. L'œil de vos futurs visiteurs marquera l'arrêt sur les pages clés. Il saura également distinguer le principal de l'accessoire.

Cible

Votre design respecte les attentes de votre cible. Vous connaissez l'âge moyen de votre audience et ses goûts. Vos éléments graphiques contribuent à séduire cette audience.

Espaces publicitaires

Vous avez décidé d'habiller votre site Web avec des bannières publicitaires. Vos internautes devront distinguer très facilement les zones qui leur seront dédiées sans les confondre avec votre contenu.

Navigation

Page d'accueil

Décrit-elle l'essentiel de votre activité ? Permet-elle aux internautes de se diriger vers toutes les pages importantes de votre site Internet ?

Interface cohérente

Quelle que soit la page Web sur laquelle se trouve votre internaute, a-t-il une impression de cohérence et d'ambiance globales ? Retrouve-t-il le même type d'informations toujours au même endroit de la page ? Les couleurs utilisées permettent-elles vraiment de mieux prendre en main votre site Internet ?

Les liens hypertexte

Grâce à vos liens hypertexte, votre site Web devient facilement explorable. Avez-vous pensé à renvoyer vos internautes sur les pages ayant pour vocation de développer les termes que vous utilisez ? Sur l'une des pages, vous parlez par exemple d'un produit plus largement abordé sur une autre page de votre site. Le mot désignant ce produit doit être facilement reconnaissable en tant que lien hypertexte et renvoyer l'internaute vers cette autre page plus complète par un simple clic.

Contenu

Une communication efficace passe par des accroches efficaces. Assurez-vous que l'internaute s'arrête essentiellement sur ces accroches. S'il a seulement deux minutes devant lui, que retiendra-t-il vraiment ?

Passer d'une langue à une autre

Si votre site propose une approche multilinguistique, assurez-vous que toutes les pages sont bien traduites dans les langues désirées. Vérifiez également que la bascule d'une langue à une autre soit parfaitement fonctionnelle.

L'écriture est-elle adaptée au Web?

Vos textes sont-ils toujours adaptés au Web ? Quelles que soient la page et la longueur du texte assorti, sa structure se présente toujours de façon identique.

Les mentions légales sont-elles conformes à la législation?

Vous devez rendre accessibles aux internautes vos mentions légales afin d'être facilement identifié. Ceci vous permettra non seulement de respecter la législation en vigueur, mais aussi de donner une image rassurante de votre activité.

Le formulaire de contact

Assurez-vous de collecter toutes les informations utiles sur vos internautes. Comme nous l'avons déjà vu précédemment, la règle à appliquer est de n'en faire ni trop, ni trop peu.

Newsletter

Vous avez mis en place la fonctionnalité permettant de souscrire à une newsletter. Testez votre solution en vous faisant passer pour un internaute. Recevez-vous bien une notification de souscription ?

Aspects techniques

Rapidité d'affichage

Assurez-vous que toutes vos pages s'affichent rapidement sur l'ensemble des navigateurs Web. Plus vos pages sont chargées en animations et visuels, plus le temps d'attente risque d'être long. Demandez à votre prestataire d'optimiser les pages afin de permettre un affichage aussi rapide que possible.

Différentes tailles d'écrans

Les plus utilisés actuellement sur le marché français sont les écrans dix-sept et dix-neuf pouces (ordinateurs fixes). Cette information est importante pour la réalisation de votre futur site Internet qui devra s'afficher avantageusement sur ces écrans. Précisez à toutes fins utiles à votre prestataire technique le format que vous souhaitez privilégier.

La vérification des « bugs »

Testez soigneusement votre site Web. L'affichage varie hélas en fonction des différents navigateurs et de leurs mises à jour. Pour information, les navigateurs « phares » sont Internet Explorer et Firefox. Chaque mise à jour ou nouvelle version proposée par les navigateurs apporte un certain nombre d'améliorations. Elle peut aussi devenir la source de nouveaux « bugs ».

Qui dit projet Internet, dit site Internet. Plus qu'un reflet de votre activité, ce véritable outil de travail jouera le tout premier rôle dans la réalisation de votre projet. Certes, il faudra prévoir un budget, mais également construire une relation professionnelle avec votre prestataire technique.

▽ Identifier son ou ses prestataires techniques

La tendance actuelle des entreprises de grande taille est à la diversification de leurs prestataires. L'idée sous-jacente d'un tel choix s'explique par la recherche d'expertise particulière et du morcellement du contrat de prestation. Pouvez-vous imiter cette démarche? Si vous êtes limité par votre budget et votre temps, privilégiez dans le premier temps les prestataires généralistes capables de répondre à vos besoins divers. Préférez toujours les structures solides afin de limiter les risques d'inexécution. Renseignez-vous pour savoir comment vous serez suivi par votre futur prestataire. Priorisez les structures capables de vous allouer un chef de projet. Ayant une vision complète de vos besoins, il pourra organiser au mieux les échanges qui s'accéléreront au moment de votre développement commercial.

▽ Ergonomie, maître mot

Réussir son site Internet c'est d'abord être capable de se mettre à la place des internautes et de comprendre ce qu'ils recherchent et leurs besoins.

Ne rien oublier pour réussir cette recette technologique est quasi impossible. Pensez à constituer une check-list articulée autour de quatre thématiques : accessibilité, design, navigation et fonctionnalités. Cette check-list devra être tenue à jour constamment. Chaque modification effectuée sur votre site devra être conforme à son contenu.

▽ Délivrer un message rassurant

« Zappeurs » et exigeants, les internautes mettent souvent moins de trente secondes pour se faire un avis sur un site. Convaincre, intéresser et rassurer ne sont pas de simples objectifs, mais des priorités absolues. Apprenez à être pertinent et synthétique. Parlez à votre cible en utilisant son propre langage et en mettant en avant les thématiques qui susciteront son intérêt.

Partie 3

Générer le « trafic » qualifié sur son site

Votre site est enfin en ligne. Surprise, il est très loin d'être le seul ! Cette partie est consacrée à la visibilité. Centrale, celle-ci est synonyme de vie de votre projet. Découvrons ensemble les techniques de référencement naturel et sponsorisé, sans oublier les autres moyens de générer le trafic qualifié sur votre site.

Chapitre 1

Les acteurs du marché : qui fait quoi?

Le *Search Engine Marketing* (SEM) est une activité visant à optimiser la présence d'un site Internet sur les moteurs de recherches *via* les pratiques de référencement payant (liens sponsorisés ou publicitaires) ou encore naturel appelé également « *Search Engine Optimization* » (SEO). Le SEM constitue sans nul doute la discipline d'acquisition de trafic la plus importante pour votre site Internet, étant donné que les moteurs de recherches sont devenus la première porte pour l'ensemble des recherches.

Outre ces pratiques, les plus communes sur le marché, d'autres modèles d'affichage et d'acquisition de trafic existent. Avant d'aller plus loin dans cette exploration, intéressons-nous tout d'abord aux différentes typologies d'acteurs. Cet état des lieux vous permettra sans doute de mieux sélectionner votre futur prestataire chargé de générer et d'animer votre trafic.

Agence spécialisée en référencement naturel

Contrairement à l'approche généraliste pratiquée par certaines agences Internet, les agences de référencement développent une compétence centrée autour des pratiques de référencement naturel (SEO) sur les moteurs de recherche.

En délégant la compétence de création pure aux agences Internet, les agences de référencement se concentrent davantage sur les parties techniques telles que les codes sources ayant un rapport direct avec la visibilité de votre site. Ils auditent et vous préconisent des solutions permettant aux moteurs d'accéder (scanner et indexer) à vos pages avec les différents contenus. Les agences de référencement travaillent également sur le contenu lui-même afin de le calibrer pour une meilleure visibilité.

Agence spécialisée en référencement sponsorisé

Ce type d'agences a pour particularité de gérer votre budget publicitaire sur les moteurs de recherche. Voici quelques points concrets qui résument leurs interventions.

Vous l'aurez saisi, ces agences ont pour mission principale de gérer au mieux votre budget publicitaire en s'appuyant sur les critères statistiques.

Qui fait quoi ?

Avec l'annonceur et les agences de référencement sponsorisé, vous établissez un budget publicitaire mensuel ou annuel.

En étudiant votre activité et en prenant en compte vos objectifs de développement, ces acteurs se chargeront de créer plusieurs campagnes composées d'annonces publicitaires et de mots clés.

En suivant vos campagnes et leur coût de conversion (par exemple, prix d'un contact généré), ces spécialistes vont devoir arbitrer sur le catalogue de vos mots clés.

En suivant les statistiques de vos campagnes, les agences de référencement sponsorisé seront en mesure de vous soumettre des combinaisons de mots clés, des zones géographiques ou encore des réseaux d'affichage les plus lucratifs pour votre activité.

En règle générale, les agences se rémunèrent au pourcentage de votre budget. Ce pourcentage varie entre 15 et 30 %.

Dernier conseil. Si vous avez décidé de faire appel à ce type de compétences, choisissez de préférence un partenaire agréé par les moteurs de recherche. Google, par exemple, a mis en place depuis quelques années son propre programme de certification appelé « Adwords Qualified Company ».

Keyworder

Cette activité est encore peu présente en France. Proche d'une agence spécialisée en référencement payant du fait de sa spécialité, un *keyworder* propose un modèle de fonctionnement radicalement différent quant à son *business model*. En quoi consiste-t-il au juste ? Le *keyworder* prend le pari suivant : sa gestion de liens sponsorisés sera meilleure que la vôtre. Il cherchera avec ses propres moyens financiers de battre la performance de vos campagnes de liens sponsorisés.

En ne travaillant que sur des niches (mots clés rares) et en excluant de son catalogue des mots clés déjà achetés par votre entreprise, le *keyworder* se positionne sur le trafic qu'il estime être le moins cher et qualifié. Son savoir-faire se résume en quelque sorte en une activité de négoce. En gérant ses propres campagnes, le *keyworder* génère des contacts (*leads*) au prix le plus faible, qu'il vous revend ensuite au prix fort en générant ainsi sa marge commerciale. Le pari mal négocié pourra alors se solder par une dépense de génération de *leads* à un prix plus élevé que celui du contrat conclu avec vous. Cette activité présente bien évidemment un risque qu'un *keyworder* doit être en mesure d'anticiper.

« Netlinkeur »

Cette activité est également peu connue en France. Les « netlinkeurs » sont des sociétés facilitant les échanges de liens entre les sites Web. Chaque site, et plus précisément chaque page d'un site, bénéficie de sa propre « *page rank* ». Cette caractéristique est définie par le moteur de recherche le plus important (Google) et pensée par l'un de ses cofondateurs, Larry Page. Ici, la logique est assez simple. Une page est d'autant plus importante (et donc potentiellement mieux classée par le moteur) que d'autres sites y font référence en la pointant avec un lien hypertexte. Plus le *page rank* de la page source est élevé, plus le *page rank* de la page de destination risque de le devenir. En d'autres termes, pour qu'une page de votre site puisse bénéficier d'un *page rank* important, il faut que d'autres sites ayant des pages à *page rank* élevé la plébiscitent avec des liens sortants. Le Page Rank est notamment observable grâce à un outil de Google, Google Toolbar. Il indique sa valeur sur une échelle logarithmique allant de zéro à dix.

Le « *trust rank* », un autre critère de confiance accordé aux pages, se base sur une logique assez similaire au *page rank*. Sa définition a été initialement formulée par un autre moteur de recherche, Yahoo ! *trust rank* prend en compte les liens hypertexte venant des sites dont la compétence et le sérieux sont de notoriété incontestée (sites officiels, gouvernementaux, etc.). À la différence du *page rank*, le *trust rank* ne s'évalue pas sur une échelle logarithmique. En tant que professionnel, nous savons qu'il existe sans pour autant pouvoir le mesurer.

Les « netlinkeurs » proposent aux entreprises d'accélérer l'action d'échange de liens avec d'autres entreprises intéressées. Concrètement, en tant que propriétaire d'un site Internet, vous pouvez envisager de participer dans cette logique d'échange en espérant ainsi améliorer votre référencement naturel. Votre netlinkeur vous proposera alors des partenaires motivés par cette même démarche. Attention toutefois aux abus de cette pratique. Bénéfique dans le cas d'une mise en œuvre parcimonieuse, elle se révèle néfaste dans le cadre d'une exploitation trop massive. En effet, les moteurs de recherche se montrent très vigilants vis-à-vis de tous ceux qui essaient de déjouer leur dispositif garantissant avant tout la pertinence des classements.

Régie *online*

Les régies *online* sont des entreprises gestionnaires de l'espace publicitaire. Elles commercialisent cet espace auprès de différents annonceurs ou d'agences de communication.

Dans certains cas, elles sont intégrées au support publicitaire. On parlera alors de régies internes ayant pour vocation de vendre l'espace publicitaire d'un ou de plusieurs sites de l'entreprise. Dans d'autres cas, elles commercialisent l'espace publicitaire de leurs partenaires commerciaux : sites Internet, plateformes, blogs, etc.

Fonctionnement

Le fonctionnement des régies *online* est très similaire à celui des régies classiques. Pour mieux comprendre leurs rouages, partons d'un exemple autre que celui du Web. Une régie X est chargée de commercialiser l'espace télévisuel d'une chaîne. Tout annonceur, y compris vous, peut contacter un vendeur de l'espace publicitaire (cette régie) afin de négocier son apparition sur la chaîne télévisuelle.

Les régies *online* s'inscrivent dans le même type de fonctionnement en faisant de l'intermédiation entre les annonceurs et les éditeurs (propriétaires de sites Internet). Mais qu'achète-t-on réellement sur Internet ? Les annonceurs achètent des campagnes publicitaires sous forme de CPM (coût pour mille), CPC (coût par clic) et du CPA (coût par action).

CPM

Dans ce cas, le contrat stipule le prix de mille bannières vues sur un support Internet.

CPC

L'annonceur paie une campagne au clic généré par les internautes. Ainsi, le contrat stipule non pas le prix des bannières vues, mais le prix du clic.

CPA

Ici, il s'agit d'aller encore plus loin dans l'élaboration du contrat. Celui-ci devra décrire expressément l'action faisant l'objet de la rémunération. Cette action est librement définie entre les parties. Il peut, par exemple, s'agir d'un double-clic (deux pages visionnées par l'internaute) ou d'un formulaire rempli par l'internaute. Plus les termes de l'action seront complexes et difficiles à obtenir, plus le prix du contrat risque d'être élevé.

Les régies *online* commercialisent des bannières de différentes formes et formats : carré, rectangle, Flash transparent, etc. Dans le mode de commercialisation traditionnel au CPM, le coût par mille sera d'autant plus élevé que le format de la bannière visionnée est imposant.

Les bannières les plus courantes

Voici les formats des bannières les plus largement répandues (en pixels).

Bannière horizontale

Bannière carrée

Bannière verticale

120 × 600

160 × 600

120 × 300

120 × 240

Bannière bouton

120 × 90

120 × 60

Média-planneur

L'observation des investissements publicitaires fait ressortir de manière très concrète la croissance des médias digitaux. Ainsi, il n'est pas rare de voir que les plus grandes entreprises initialement investisseuses dans la presse écrite privilégient de manière de plus en plus marquée le Web.

Les agences de média-planning ont pour mission de conseiller aux annonceurs les supports les plus en phase avec les familles de consommateurs ciblées. Maîtrisant les offres et les évolutions des régies *online*, les média-planneurs sont capables d'affiner et de distribuer efficacement votre budget publicitaire.

Attention, les média-planneurs ont l'habitude de travailler sur des budgets conséquents allant souvent jusqu'à plusieurs millions d'euros. Le choix de contacter ce type d'acteurs dépend essentiellement de l'envergure de votre propre budget publicitaire.

Comparateur de prix ou de service

Ces dernières années ont été propices à la création de différents comparateurs de prix et de services sur Internet. Mais quelle est leur valeur ajoutée et quels sont leurs principes de fonctionnement ?

Le principe

Ici l'idée est fondée sur un constat plutôt simple : les internautes aiment eux aussi comparer les prix et les prestations avant de valider leur achat. Plutôt que de passer un temps considérable sur la Toile en comparant les différentes prestations, les comparateurs de prix séduisent les internautes par leur capacité à classer les différentes entreprises selon des critères tangibles. En très peu de clics, l'internaute peut choisir son fournisseur. Outre le critère de prix, il peut vérifier la disponibilité, les services additionnels, ainsi que les frais de livraison.

Contrairement aux comparateurs de prix purs spécialisés dans les biens de grande consommation, il existe des comparateurs de services. Le processus d'achat dans ce cas-là est un peu différent. L'internaute commence toujours par rédiger sa demande de service. Généralement, il souhaite trouver une entreprise de sa région disponible et compétente pour répondre à son besoin. Il a, par ailleurs, besoin d'étudier plusieurs propositions pour choisir son prestataire. On constatera en toute logique que le processus de sélection pour ce type d'achat est plus complexe que pour les comparateurs de prix purs. Plusieurs explications peuvent être avancées :

> un panier moyen d'achat souvent élevé (temps de réflexion long);

> un prix ne correspondant pas directement à une chose, mais à la nature même du contrat, souvent sur mesure;

> un *intuitu personae* du fournisseur est très important.

Comment souscrire à ce type de prestations?

Deux cas de figures existent. Soit vous êtes e-marchand, soit votre activité est basée sur une prestation de service.

Vous êtes e-marchand

En tant qu'e-marchand, vous pouvez contacter directement les comparateurs de prix de votre choix. Selon les comparateurs, votre contrat de collaboration comprendra des particularités telles que le paiement au clic (déjà évoqué), des sommes fixes vous donnant la possibilité de référencer vos produits sur les plateformes de comparaison ou encore un pourcentage que vous allez devoir attribuer au comparateur après tout achat effectué *via* sa plateforme. Sachez qu'une formule unique n'existe pas.

L'un des principaux avantages de ce type de prestation réside dans le fait de générer un trafic qualifié sur votre site Internet. Ainsi, un internaute qui découvre votre site après avoir cliqué sur un de vos produits référencés peut visionner l'ensemble de votre catalogue et effectuer plusieurs achats instantanés ou bien différés dans le temps.

Vous proposez des services

Pour les comparateurs de services, les choses se passent différemment. En se référençant auprès de ce type de prestataires, votre site Internet demeurera tout de même invisible. Ceci est dû au fait que les comparateurs de services entendent vous livrer des *leads* clés en main.

En remplissant une seule demande détaillée, l'internaute confère au comparateur la possibilité de sélectionner lui-même les prestataires qualifiés.

Cette solution vous permettra donc de bénéficier de demandes de services sans jamais être directement visible par le biais du prestataire. Ainsi, les comparateurs de services ne génèrent pas de trafic sur votre site Web, mais se bornent à vous fournir des produits finis (formulaires).

Chapitre 2

Passez au « social media optimisation » pour créer le « buzz »

Le « *social media optimisation* » (optimisation de présence sur les médias sociaux) ou encore SMO désigne un ensemble de méthodes permettant d'attirer des visiteurs sur votre site Internet grâce à des actions de promotion. En quoi peuvent-elles consister ? Sur quels supports est-il possible de les déployer ? Les pages de ce chapitre sont spécialement dédiées à ces questions.

Réseaux sociaux

Inutile d'expliquer le succès grandissant des réseaux sociaux. L'aspect ludique des acteurs tels que Facebook, Twitter ou encore Viadeo ne doit pas masquer totalement leurs finalités commerciales. Basant leur approche sur des principes dits communautaires, ils affirment haut et fort que « *ce qui vous intéresse peut aussi intéresser les contacts de votre réseau* ». Ainsi, le trafic généré sur votre site peut venir de tous ceux qui ont visité votre profil, votre fiche ou celle de votre site ou tout simplement vos pages personnelles éditées sur Facebook.

Plateformes vidéo

De plus en plus d'internautes privilégient la navigation basée non plus sur des textes, mais sur les vidéos présentes sur la Toile. Pressé, ce public favorise un format vivant, court et ludique.

Si vous possédez une vidéo *online*, n'hésitez pas à la partager sur les plateformes telles que Dailymotion ou YouTube. Intéressantes, instructives ou pourquoi pas drôles, elles seront naturellement partagées et visionnées par les membres de la communauté.

En français, «*buzz*» se traduit par «bourdonnement». «Faire du *buzz*» sur Internet signifie donc diffuser une information quelconque en espérant qu'elle soit reprise partout dans la «ruche». Le «*buzz*» est donc l'art de la rumeur qui se répand sur la Toile.

Forums

Tout le monde connaît les forums, présents en nombre sur la Toile. Peu d'entreprises, en revanche, savent les utiliser pour se rendre visibles. Pourtant, les forums peuvent jouer un rôle important dans la génération des visites.

Souvent bien référencés et estimés utiles par les moteurs de recherche, les forums sont essentiellement constitués de questions posées par les internautes et des réponses postées par d'autres participants.

Soucieux de trouver des réponses pertinentes, les internautes peuvent retracer par exemple l'historique complet des échanges concernant un ou plusieurs points précis.

Être en mesure de trouver des forums en rapport avec votre activité, tout en participant à un échange cohérent, vous permettra de générer un trafic pertinent accompagné d'un bon taux de transformation.

Dans le langage du Web marketing, les internautes qui passent beaucoup de leur temps sur les forums sont surnommés «les experts». Leur comportement d'achat est fortement lié à la satisfaction de leur curiosité par rapport aux produits ou services. En effet, ce public est souvent à la recherche d'avis extérieurs et indépendants. Seules les réponses complètes et détaillées désactivent leurs freins à l'achat. Une fois la curiosité satisfaite, les « experts » forment une excellente cible de consommateurs.

Blog

Je vous recommande de créer votre propre blog. Qu'apporte-t-il de plus par rapport à votre site Internet, vous demanderez-vous ? La communication *via* un blog a la particularité d'être bien plus intimiste que celle d'un site Internet. Loin des présentations formatées, le blog vous offre la possibilité de communiquer par la proximité avec vos internautes. N'oubliez pas qu'un blog est avant tout votre journal personnel. Il vous permettra de vous exprimer sur des thématiques particulières ne trouvant pas leur place sur un site Internet. Par ailleurs, un blog reste avant tout ou outil participatif. Il permet aux internautes d'ajouter leurs contributions sous forme de commentaires.

Annuaires *online*

Les internautes ayant recours aux annuaires *online* (répertoires Web) sont assez nombreux. Leur principe de fonctionnement consiste à classer les informations pour les rendre accessibles aux internautes (intelligibles). Le classement se fait toujours à l'aide d'une arborescence. Les annuaires peuvent être généralistes, thématiques ou encore géographiques. À la différence des moteurs de recherche, la classification dans les annuaires est réalisée par des humains. Trois différents modèles d'annuaires dominent actuellement le marché.

Le modèle « communautaire » ou « collaboratif »

Tenus par des internautes volontaires, ces annuaires sont complétés en fonction des sites Web qui leur sont soumis. Seuls les administrateurs volontaires ont la possibilité de sélectionner votre site en fonction de leur politique de projet.

Le modèle « wiki-communautaire »

Un robot « aspire » les contenus de données publiques afin de préremplir l'annuaire. La communauté indépendante prend ensuite le relais pour classifier les contenus informatifs et commerciaux.

Le modèle « entreprise »

L'annuaire est tenu par une société qui a la possibilité de référencer votre support en contrepartie d'une rémunération.

Une large majorité d'annuaires se base sur le principe participatif. N'importe quel internaute est en mesure d'associer un commentaire ou d'attribuer une note aux entreprises référencées. Ainsi, le « *buzz* » peut être tout à la fois positif et négatif.

Se lancer dans les campagnes de liens sponsorisés : Google AdWords

Le mot anglais «*search*» signifie littéralement «recherche» en français. On assimilera à cette méthode tout le trafic généré *via* les moteurs de recherche. L'internaute recherche initialement une information dans la barre prévue à cet effet. En validant sa requête (sa recherche), il aboutit à une liste de réponses. Il lui est alors possible de cliquer sur les liens disponibles pour trouver l'information désirée. En moyenne, l'internaute clique sur trois liens différents avant de s'estimer satisfait par la «réponse».

L'avantage principal du mode «*search*» reste sans doute la motivation qui caractérise l'internaute. En effet, étant à l'origine de la question, il ne sera que plus motivé par les réponses proposées.

De manière générale, au moins 50 % des visiteurs viennent sur votre site Internet par ce biais. Cet état de fait est parfaitement cohérent. Le «*search*», largement favorisé par les performances et la popularité des moteurs de recherche, représente l'autoroute principale du trafic mondial.

Les liens sponsorisés (liens commerciaux ou encore liens promotionnels) sont ceux qui apparaissent à droite des résultats naturels (ou organiques). Ils peuvent également être présents en tête des pages de résultats. Contrairement aux liens organiques, cet affichage est directement lié à l'action émise par l'annonceur, client direct ou indirect, de la régie Google AdWords.

L'intérêt principal des liens sponsorisés est qu'ils garantissent une présence quasi immédiate sur le moteur de

Logique d'affichage

Voici une illustration qui vous permettra de comprendre la logique d'affichage et de cohabitation entre les liens sponsorisés et les liens naturels.

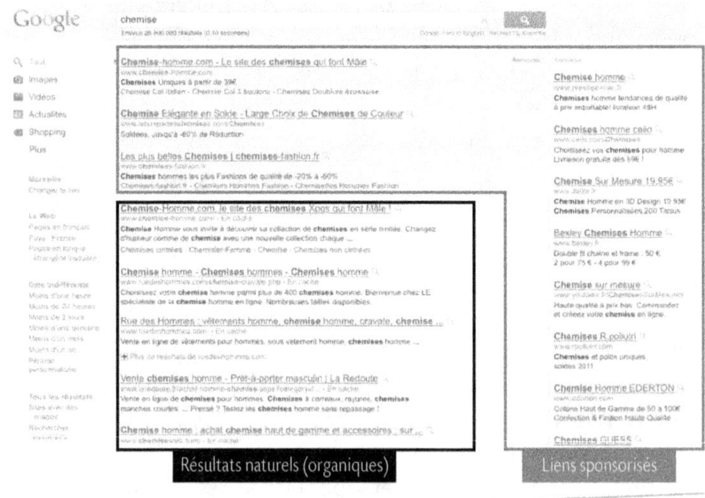

recherche, contrairement aux liens naturels, qui sont le fruit d'un long travail d'optimisation de votre site Internet. Les liens sponsorisés sont directement pilotés *via* une interface prévue par Google. Bien évidemment, elle permet l'arrêt ou le gel de l'action de référencement en seulement quelques minutes.

Cette aventure vous tente ? Étudions ensemble tout ce que vous devez savoir pour vous lancer dans la création de vos campagnes Google AdWords.

Structure de votre compte

Tout compte Google AdWords se structure en trois niveaux :

1. Les informations générales d'ouverture d'un compte : votre adresse e-mail, votre mot de passe, un identifiant, enfin les informations bancaires permettant à la régie Google d'effectuer les prélèvements mensuels.

2. Vos campagnes publicitaires : chacune dispose de son propre budget et de ses propres options de ciblage. Vous ne pouvez pas dépasser le nombre de vingt-cinq campagnes actives, à moins de posséder un centre multicomptes (cas rare).

3. Vos groupes d'annonces contiennent un ensemble d'annonces et de mots clés déclenchant la diffusion de ces dernières.

Le schéma suivant vous permet de mieux visualiser la structure d'un compte Google Adwords.

En créant votre première annonce votre compte contient en toute logique une seule campagne et un seul groupe

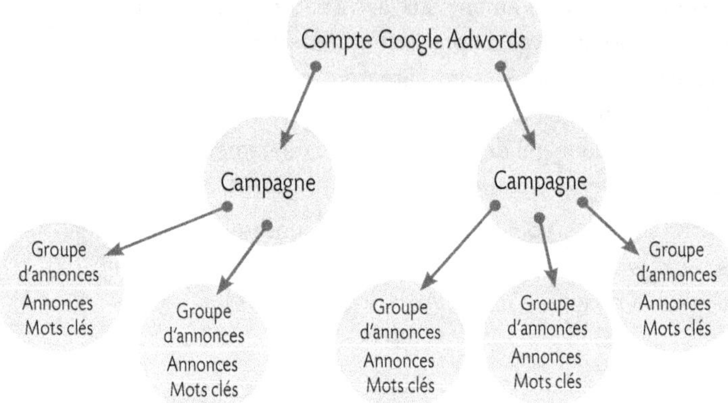

d'annonces. C'est uniquement en créant d'autres campagnes ou d'autres groupes d'annonces que vous verrez sur votre interface de gestion Google Adwords une arborescence complète de navigation reflétant notre schéma. Il vous sera dès lors possible d'accéder rapidement à toutes les parties de votre compte en quelques clics.

Le travail de structuration de votre compte doit correspondre à l'esprit général de votre site Internet et tout particulièrement aux différents produits ou services que vous souhaitez promouvoir en ligne.

La création de campagnes bien structurées, par thèmes ou produits, va au-delà d'une simple question d'organisation.

Créer un plan de compte efficace

Vous souhaitez proposer à vos internautes deux principales familles de produits : séjours en France et séjours à l'étranger. Pour structurer efficacement votre compte, vous devez créer une campagne distincte pour chaque famille. Ensuite, au sein de chaque campagne, vous mettrez en place des groupes d'annonces par type de séjours. Il est par exemple possible de définir les groupes d'annonces par regroupement de destinations géographiques. Voici notre exemple présenté de manière schématisée.

Compte
Séjour en France et à l'étranger

Campagne	Campagne
France	Étranger

Groupe d'annonces	Groupe d'annonces	Groupe d'annonces	Groupe d'annonces
Côte d'Azur	Pays de la Loire	Maghreb	Australie

Elle permet notamment à Google d'apprécier le niveau de votre qualité de gestion – critère qui influence directement le coût de vos campagnes.

Vos annonces

La qualité et le soin rédactionnel que vous apporterez à vos annonces ayant pour vocation de s'afficher sur les pages de résultats proposés par Google constituent un élément de la réussite de vos campagnes publicitaires.

Les internautes ont en effet un vaste choix constitué non seulement de vos concurrents, entreprises ayant acheté les mêmes mots clés, mais aussi de tous les résultats « naturels » (en vert dans la même illustration). Efforcez-vous de rédiger des annonces claires, précises et attrayantes.

Voici les éléments constitutifs d'une annonce publicitaire AdWords :

Chaque annonce est constituée de quatre éléments, dont trois sont directement visibles par les internautes.

Le titre

Représenté par la couleur bleue, il sert d'introduction à votre annonce et constitue le lien vers votre site Web. Les titres les plus efficaces sont directement liés aux mots clés recherchés. Je vous conseille d'inclure vos mots clés directement dans vos titres. Ils seront automatiquement mis en gras lorsqu'ils correspondront aux termes de recherche. Ceci ne manquera pas d'attirer les internautes.

Les lignes de texte

Vous utiliserez ces deux lignes afin de décrire vos produits ou services. Le nombre de caractères étant limité, il vous appartient de trouver des formules courtes et efficaces.

L'URL à afficher

La dernière ligne (en vert) indique l'URL de votre site Web. Elle a pour vocation de donner aux internautes une idée claire concernant la redirection et le contenu de la page qui sera affichée. La rédaction de cette URL est également laissée à votre soin. Certains annonceurs l'utilisent afin de rappeler l'adresse de leur site Internet, d'autres en profitent pour donner des indications supplémentaires. Voici un exemple qui illustre cette variante : sejour.com ou sejour.com/maroc.

L'URL de destination

Pour terminer, vous devez impérativement indiquer l'URL vers laquelle Google AdWords redirigera votre annonce. Il s'agira donc de votre page de destination (*landing page*). Préférez toujours une page qui correspond au mieux à votre annonce. L'internaute doit immédiatement comprendre le rapport entre la promesse (l'annonce) et le résultat (la page).

Diffusion

Google vous propose de choisir le type d'appareil sur lequel vous souhaitez voir s'afficher vos annonces. Cette option, présente au niveau de chaque campagne, vous permettra de sélectionner les ordinateurs fixes et portables ainsi que les téléphones mobiles (smartphones). Le choix cumulatif est évidemment possible.

Attention aux smartphones !

Si les formulaires d'enregistrement de votre site Internet sont très étoffés ou si vous proposez des services nécessitant réflexion de la part d'e-consommateurs, évitez de sélectionner les appareils mobiles. À l'heure actuelle, les campagnes sur les téléphones mobiles profitent davantage aux entreprises offrant des services de proximité (restauration, livraison, etc.).

Une fois la sélection de supports d'affichage en place, vous pouvez préciser où seront affichées vos annonces. La plateforme Google AdWords vous offre un triple choix cumulable.

Recherche Google

Vos résultats s'afficheront uniquement sur le moteur de recherche Google.

Partenaires du réseau de recherche

L'activation du réseau de recherche vous permet de diffuser vos annonces *via* d'autres produits Google, tels que Google Groupes et Google Recherche de Produits, ainsi que sur d'autres sites pertinents du réseau de recherche : AOL.com, Ask.com, etc. La liste de ces sites, gérée par Google, varie assez régulièrement.

Partenaires du réseau *display*

L'activation du réseau *display* vous permet de diffuser vos annonces sur des sites dont le contenu est lié à votre annonce. À la différence des deux premiers choix, le réseau *display* n'affiche pas les annonces en fonction des mots clés achetés, mais uniquement en fonction des affinités entre les pages d'éditeurs censées accueillir les annonces et les annonces elles-mêmes. Comment Google procède-t-il pour créer ce rapprochement ? Il scanne automatiquement la page destinée à afficher la publicité en lui assignant une ou plusieurs thématiques. Il vous est toutefois possible de faire des ajustements manuels. Vous pouvez, par exemple, choisir les sites classés selon des thématiques précises : auto/moto, santé et bien-être, jeu, etc. Vous pourrez retrouver toutes ces thématiques en effectuant directement sur Google la recherche suivante : « Partenaires du réseau *display* ».

Ciblage géographique et linguistique

Pour chaque campagne, vous choisissez la langue de votre audience. En reprenant l'exemple évoqué plus haut dans ce chapitre (« Structure de votre compte »), on pourra aisément imaginer la création de campagnes destinées et diffusées au public français. On pourra également envisager la diffusion de campagnes dans d'autres langues ayant pour vocation de toucher les internautes extra-frontaliers.

Google vous permet de définir avec précision la zone géographique de votre diffusion. Ainsi, vous décidez rapidement de diffuser votre campagne soit dans le monde entier, soit en France, soit dans une région en particulier. Enfin, il vous est possible de cibler les villes avec une assez grande précision. Notez encore ces deux éléments :

la liste de ciblage exclut le choix des départements français, mais assez curieusement comprend la possibilité pour n'importe quel annonceur de tracer manuellement une zone de diffusion en plaçant sur la carte un certain nombre de points de recoupement. À ma connaissance, très peu d'annonceurs utilisent cette dernière option.

Google s'appuie, de manière générale, sur les adresses IP afin de géolocaliser le trafic.

Ciblage par mots clés

Vous avez presque terminé. Il ne vous reste qu'une dernière étape. Le choix des mots clés. Ce choix est prédéterminant pour la réussite de vos campagnes Google AdWords. Comment procéder ? Essayez de vous mettre à la place des internautes. Que cherchent-ils réellement ? Quels mots ou quelles expressions utilisent-ils précisément pour leurs recherches ?

Éviter les erreurs

Cette méthode devrait vous permettre d'éviter les erreurs qui suivent.

Manque de précision

Vous proposez par exemple à vos internautes des voyages à l'étranger. L'achat de la combinaison de mots clés « voyage à l'étranger » se révélera bien évidemment désastreuse. Vous devriez sans doute vous positionner sur les mots clés en rapport avec la destination précise : « voyage Maroc » ou encore « séjour Maroc ». Si dans le même exemple, votre agence de voyage est spécialisée dans les loisirs et non dans les déplacements d'affaires, vous pouvez sans doute insister sur les combinaisons suivantes : « vacances Maroc » ou encore « week-end Maroc ».

En tant que spécialiste de circuits, vous allez sans doute devoir vous positionner sur les mots clés « circuit Maroc ». En résumé, votre précision vous permettra de créer des campagnes efficaces.

Absence de variantes

Vous rédigez sans fautes d'orthographe ? Certains internautes ne sont pas dans votre cas. Vous évitez l'utilisation des abréviations ? D'autres personnes font le contraire. À vous donc de prévoir le maximum de cas de figures. Reprenez votre liste de mots clés tout en essayant de trouver des variantes adéquates : ainsi, le « week-end » peut également devenir « we » ou encore « w-e ». Le « Maroc » peut lui aussi devenir « marroc » ou « marok ». Les mots « séjour » ou « circuit » peuvent prendre leur forme plurielle. Pensez également à utiliser le maximum de synonymes afin de toucher le public le plus large possible.

Absence de références produits dans le catalogue de mots clés

Si certains internautes se contentent de faire des recherches vagues, d'autres sont à la recherche de produits bien identifiés. Votre futur visiteur peut avoir trouvé quelque part une référence produit de son voyage. Il cherche alors à retrouver sa référence produit sur la Toile afin de procéder à une réservation. Pensez à vous positionner sur des mots clés faisant directement référence aux produits. De manière plus large, nous pouvons évoquer les numéros de série, marques ou noms de gammes comportant une identité unique.

Manipuler la technique du bannissement

Google vous donne la possibilité d'exclure certains mots clés. Ce fonctionnement a contrario de la démarche précédemment décrite vous permettra d'être certain que les recherches incluant ces termes ne déclencheront pas la diffusion de votre annonce. Beaucoup d'annonceurs expérimentés utilisent cette fonctionnalité pour bannir les termes tels que « pas cher » ou encore « gratuit ». Toujours dans le même exemple de l'agence de voyage, vous pourrez préciser ces termes lors de la saisie de votre catalogue de mots clés en les faisant précéder du signe moins (--). Dans ce cas, aucune recherche du type « voyage Maroc pas cher » n'entraînera l'affichage de votre annonce.

D'autres modes de ciblage

D'autres modes de ciblage sont également disponibles. Ils se caractérisent également par une ponctuation spécifique.

"Mot clé"

Cette ponctuation, caractérisée par les guillemets anglais (") avant et après les mots clés, est aussi appelée « *phrase match* ». Ce ciblage vous permettra d'afficher vos annonces sur des requêtes comprenant vos mots clés dans l'ordre précis. L'annonce pourra cependant être diffusée dans le cadre d'une recherche comprenant d'autres termes ne faisant pas partie de votre ciblage.

[Mot clé]

Appelée également « *exact match* », cette ponctuation limite au maximum l'affichage de vos annonces. En effet, dans le cas où vous achetez par exemple la combinaison

[Séjour Maroc], aucune autre recherche n'entraînera l'affichage de votre annonce. Ainsi, un internaute qui taperait « séjour au Maroc », « séjours Maroc » ou encore « séjour Maroc agence » ne verrait nullement votre annonce. Ce mode de ciblage possède un avantage indiscutable. Il vous permet de filtrer et de qualifier votre trafic de manière drastique. Son inconvénient, vous l'aurez deviné, est directement lié au fait que cette qualification est susceptible de vous couper d'une grande partie du trafic potentiellement intéressant.

Mot clé

C'est le mode par défaut (« *broad match* »). Lorsque vous achetez vos mots clés sans préciser le mode d'affichage particulier, Google affichera votre annonce dès l'instant qu'un internaute tape votre combinaison. Peu importe qu'elle soit inversée ou entrecoupée avec d'autres mots ne faisant pas partie de cette combinaison.

Voici un schéma représentant les différents types de ciblage de mots clés Google AdWords :

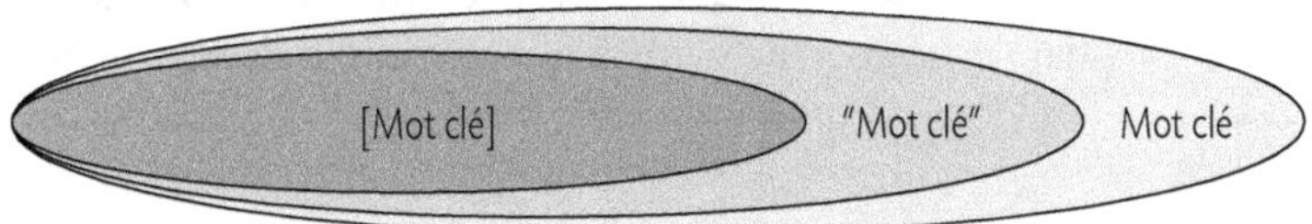

Enchères de mots clés

Chacun de vos mots clés correspond à un montant d'enchère au CPC (coût par clic). Ainsi, vous allez devoir préciser quel CPC maximum vous souhaitez allouer pour chacun des mots clés. Si, par exemple, vous décidez que le mot clé « séjour Maroc » bénéficiera d'un CPC maximum de 0,70 euro, Google limitera votre enchère à ce montant-là. En fonction de quels critères devez-vous définir votre enchère ?

Il s'agit essentiellement d'un critère concurrentiel. Plus le nombre de concurrents est important sur votre marché, plus élevé devra être votre CPC maximum. En effet, Google ne fixe aucun prix lui-même. Il joue uniquement le rôle de celui qui organise les enchères. La disparité entre les différents prix de mots clés s'explique par leur potentiel commercial sans cesse ajusté par l'ensemble des annonceurs. Intéressés par un affichage en haut des pages de résultat, ils ont tous tendance à allouer des CPC élevés afin de captiver le trafic dense. Je vous recommande l'utilisation de l'outil de prévision de trafic AdWords qui vous donnera non seulement une idée précise des CPC de vos concurrents, mais permettra également de quantifier votre trafic en fonction de vos futures enchères.

Sachez que votre CPC n'est qu'un des facteurs déterminant la position de votre annonce. Celle-ci dépend en réalité de plusieurs facteurs à la fois.

Position de l'annonce sur la page

En donnant des cours dans les écoles de commerce et en assistant aux entretiens d'embauche pour les postes de « trafic manager » (gestionnaire entre autres de comptes

Google AdWords), je me suis rendu compte que seul un nombre limité de personnes connaissait la règle permettant à Google de classer les annonces publicitaires. Pourtant, elle me paraît primordiale. Sa maîtrise permet à un annonceur de gérer au mieux la performance de ses campagnes, tout en économisant son budget publicitaire.

La formule de la classification est la suivante :

$$CPC\ max \times CTR \times Quality\ Score.$$

Pas de panique ! Les choses sont relativement simples. Nous venons de voir la signification du CPC. Passons à présent au CTR ou « *click through rate* », c'est-à-dire le taux de clics. Il s'agit d'un ratio entre le nombre de clics et le nombre d'impressions de la page sur laquelle votre annonce est apparue.

en pratique

Ratio CTR

Par exemple, vous avez enregistré cent clics sur mille affichages. Votre ratio est donc de 0,1. Vous pouvez également l'exprimer en pourcentage : - 10 %. Ceci mesure l'attractivité de votre annonce. Plus celle-ci est attractive, plus votre CTR sera élevé.

Quant au *quality score*, c'est une notion assez récente. Grâce à ce critère, Google entend favoriser les annonceurs ayant une gestion de campagne rigoureuse.

Le *quality score* est la synthèse de plusieurs critères observés et historisés automatiquement par Google. Voici sa décomposition :

> CTR historique de votre mot clé ;
> CTR historique de l'ensemble de votre compte ;
> Qualité de votre *landing page* ;

❯ Respect de la structuration de votre compte Google AdWords (voir «structure de votre compte», page 121)

Ces critères ne sont pas sans poser de problèmes sur le marché de la publicité en ligne. En effet, il est tout à fait possible d'accepter les critères observables tels que les différents CTR. En revanche, l'appréciation de la qualité de la *landing page* ou encore celle de la structuration du compte peuvent nous laisser assez dubitatifs, tant leur caractère subjectif demeure discutable.

Quoi qu'il en soit, étudions ensemble un exemple qui nous permettra de mettre en pratique ces informations. Afin de le simplifier le cas, nous estimerons que le *quality score* des trois annonceurs est identique.

Vous l'aurez compris, la gestion de vos annonces couplée avec la fixation d'un CPC maximum astucieux vous permettra de générer le trafic sur votre site Internet de manière plus économique.

Trois annonceurs concurrents

	CPC max en €	CTR exprimé en %	Résultat
Annonceur A	1	3	0,03
Annonceur B	0,70	1	0,007
Annonceur C	1,05	1.2	0,0126

Avec un CPC maximum d'1 euro, l'annonceur A se classe avant les annonceurs B et C. Pourtant, l'annonceur C alloue à son mot clé un CPC maximum plus important ; sa campagne est donc potentiellement plus coûteuse. Ainsi, en surpayant 0,05 centime d'euro chaque clic par rapport à l'annonceur A, sa performance sera moindre. L'annonceur B est condamné à rester en troisième position. Son prix au clic faible s'accompagne également d'un CTR bas. Afin de rivaliser en positionnement avec l'annonceur A, il devra augmenter considérablement son CPC maximum en le fixant à environ 3 euros ($3,00\ € × 1\ \% = 0,03$), ou retravailler son annonce afin d'obtenir un CTR proche de 5 ($0,70\ € × 5 = 0,035$).

Référencement naturel : le Web sémantique

La sémantique utlilisée par les moteurs de recherche accorde une place de plus en plus importante au sens des mots. Aujourd'hui, les rédacteurs Web et les référenceurs travaillent le contenu éditorial en ajoutant un vaste champ lexical de mots clés pour optimiser le référencement naturel de leurs clients.

Mais que couvre la notion de la sémantique ? C'est une étude du langage et des signes linguistiques (mots, expressions, phrases) du point de vue du sens (du grec «*semantikos*», c'est-à-dire «qui signifie»)[1]. Il s'agit dans les faits de savoir comment un signe tel que «X» ou «Y» se charge de sens, comment il est utilisé par l'émetteur, puis, comment il est perçu et interprété par le récepteur.

---

1   Définition issue du site mediadico.com.

Enjeu

Pour être consommé, il faut être trouvé. Et pour être trouvé, il faut que les moteurs de recherche fassent le lien entre la requête de l'internaute et votre site Internet.

L'optimisation de la visibilité *via* les moteurs de recherche (pratique du SEO évoquée plus haut dans ce livre) constitue un véritable enjeu commercial, car elle permet d'augmenter de façon significative le nombre de visiteurs sur les sites Internet. Environ deux tiers des utilisateurs cliquent sur l'un des résultats présents sur la première page d'affichage. La quasi-totalité des internautes ne consulte pas les réponses au-delà de la troisième page de résultats.

Il est donc vital de bien se positionner sur les moteurs de recherche pour faire face à la concurrence. Du fait de cette énorme manne de trafic potentiel, les spécialistes en référencement cherchent par tous les moyens à optimiser le référencement de leurs clients. Leur exercice se révèle de plus en plus délicat, tant la concurrence sur le marché du Web est forte ; de plus, les moteurs de recherche modifient constamment leurs algorithmes de classement. Sans entrer dans les détails techniques déjà largement abordés par les ouvrages spécialisés, notons ensemble les critères d'optimisation de référencement les plus couramment utilisés et pris en compte par les professionnels du marché.

Les critères *on page*

Il s'agit essentiellement des critères dépendant directement de votre site Internet et de l'ensemble de ses pages. Les mots clés, une fois de plus, jouent le premier rôle.

Nom de domaine

Vous pouvez choisir un ou deux mots clés pertinents par rapport à votre activité afin de les utiliser pour votre nom de domaine. Par exemple, vous pourrez opter pour le nom de domaine « voyage-soleil.com » si vous exercez une activité d'agence de voyage. Le mot clé « voyage » donnera non seulement un repère à vos internautes, mais permettra également aux moteurs de recherche d'avoir un indice de reconnaissance de votre activité.

URL de vos pages

En construisant votre site Internet, pensez à le doter des URL significatives. Évitez les URL trop longues et dépourvues de rapport avec vos pages Web. Pour une page dédiée à la présentation d'un séjour au Maroc, vous pouvez par exemple choisir une URL du type « voyage-soleil.com/maroc ».

Titre de la page

La balise <title> correspond au titre de la page. Ce titre s'affiche en haut de la fenêtre du navigateur Internet. Il fournit aux visiteurs une source essentielle d'informations. Cette même source est prise en compte par les moteurs de recherche. La qualité de la balise <title> s'apprécie à son caractère efficace, lisible et pertinent par rapport à la page qu'elle sera censée décrire. Chaque page de votre site Internet doit comporter son propre titre. Optimisé, il ne dépasse pas cinq à huit termes, soit soixante-dix caractères. Il reprend presque toujours le nom de votre entreprise accompagné des mots clés de votre choix. Voici un exemple concret de page d'accueil (affichage sur google.com) avec un titre optimisé :

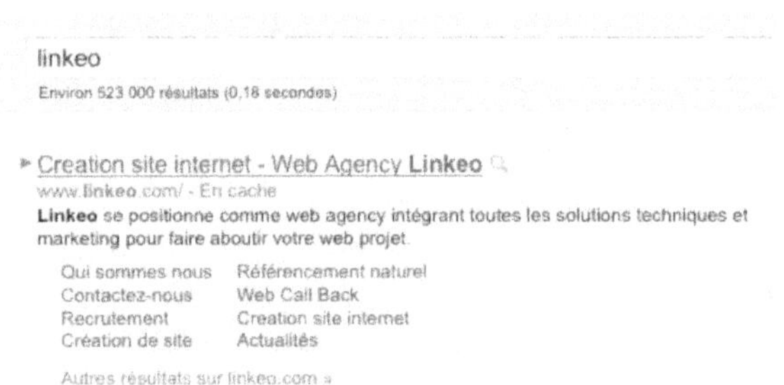

Voici à quoi ressemble l'affichage sur le navigateur (Firefox) après le clic :

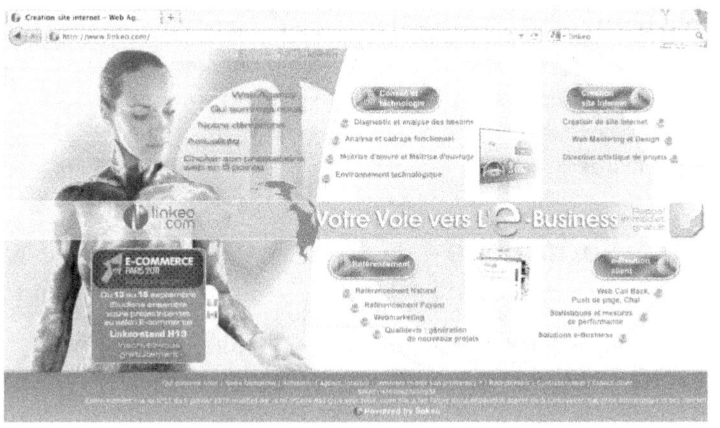

Cette agence de création de sites Internet utilise dans son titre les termes porteurs en trafic : « création de site Internet », tout en citant son identité à la fin du titre.

Description

Moins importante que la balise <title>, la balise <description> permet néanmoins d'apporter quelques informations additionnelles concernant la page. Sans cette balise, les moteurs de recherche choisissent eux-mêmes un extrait (*snippet*) de la page présentée aux internautes. Notons également que cette balise comprend entre cent cinquante et deux cents caractères au maximum. Voici l'exemple d'une balise <description> :

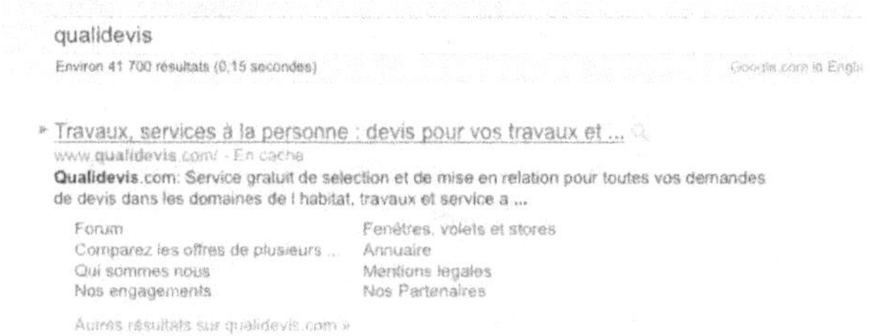

Keywords

Délaissés ces derniers temps par les moteurs de recherches, les balises <keywords> permettaient aux moteurs de recherches de résumer le contenu des pages Web. Les référenceurs étaient invités à renseigner les mots clés importants en rapport avec la page référencée tout en les ponctuant par des virgules. Cette technique n'est presque plus utilisée par les professionnels du marché.

Voici un exemple de code source d'un site Internet qui vous permet de visualiser la présence de la balise *keywords* et d'observer sa syntaxe.

```
<meta lang="fr" name="description" content="Création de sites
Internet, referencement naturel, gestion de liens sponsorisés,
web call back, communication et marketing online, e-CRM,
statistiques et mesures de performance" />
<meta lang="fr" name="keywords" content="orgnaistion Linkeo,
création de site web, référencement, direction artisitique, web
mastering, web design, référencement naturel, référencement
sponsorisé, web agency, web agence, agence de création de site
internet  « /><script type="text/javascript" src="script/script.
js"></script>
<script type="text/javascript"
```

Le contenu rédactionnel

Le contenu rédactionnel reste sans aucun doute l'élément permettant d'optimiser au mieux le référencement de votre site Internet. À l'instar des internautes, les moteurs de recherche parcourent vos pages Web en essayant de captiver le sens des propos que celles-ci contiennent. À la différence d'un être humain, les moteurs de recherche utilisent un très grand nombre de critères leur permettant de noter la pertinence d'une page ou d'un site Internet afin de le mettre en rapport avec d'autres sites ou d'autres pages traitant du même sujet. Cette abondance de critères et leur pondération font de l'optimisation du référencement une pratique par tâtonnement et une expérimentation en continu. Les dernières publications en date semblent identifier les critères observables les plus influents.

Mots clés

Les trois premières lignes présentes sur vos pages Web (soit les trente à soixante premiers mots) doivent de préférence reprendre les mots clés les plus importants. Par analogie à une lecture faite par un être humain, le moteur doit saisir le thème principal de votre page Web dès le début de son exploration.

Mise en valeur des thèmes

La structuration de votre texte doit mettre en évidence les thèmes principaux. Pour cela, il est recommandé d'utiliser des titres courts pour chaque paragraphe, tout en séparant les paragraphes entre eux. Vous pouvez mettre en gras ou en italique certains mots ou expressions clés. Utilisez également les liens HTML incluant les mots clés afin de leur donner un « poids » supplémentaire. L'ensemble de ces pratiques s'intitule « mise en relief ».

Indice de densité

Il désigne le nombre d'occurrences du mot clé divisé par le nombre total des mots présents dans le contenu. Par exemple, pour une page de cinquante mots, si le mot clé est répété trois fois, l'indice de densité sera de 6 %. Un bon indice de densité se situe entre 2 % et 7 % pour un mot clé donné.

Champ lexical

Le champ lexical de vos mots clés doit également être exploité. Pensez à enrichir vos textes avec les formes au

singulier et au pluriel. Variez les différents temps et efforcez-vous d'employer des synonymes.

Pages courtes

Prenez l'habitude de concevoir des pages courtes traitant
d'un seul sujet à la fois.

Actualisation du contenu

Travaillez sans cesse votre site Internet en lui apportant
un contenu frais. Comme les internautes, les moteurs de
recherche apprécient les mises à jour fréquentes et les
actualités. Ce travail favorisera votre site par rapport à
ceux de vos concurrents, moins prolixes que vous.

Les critères *off page*

Les critères *off page* sont liés à la popularité de votre site
Web. Cette popularité se consolide, contrairement à la
logique *on page*, en dehors de vos pages. Elle se mesure
par la présence de *backlinks* repérés par les moteurs sur la
Toile. Les *backlinks* sont ces liens qui pointent vers votre
page en provenance des sites partenaires, d'annuaires ou
d'autres référents Internet de notoriété plus ou moins
avérée. La qualité et la quantité des *backlinks* sont le gage
que votre référencement est optimisé. Je vous renvoie
également vers le passage de ce livre expliquant l'activité
de «netlinkeur» (voir page 104), dans lequel vous pourrez revoir des notions complémentaires telles que «*page
rank*» et de «*trust rank*».

Être visible sur la Toile est primordial pour tout entrepreneur du Web. Cet enjeu est toujours complexe. D'abord, la visibilité a souvent un prix. Ensuite, le trafic que génère votre site Web doit être qualifié. Seule la réunion de ces deux conditions permettra de faire décoller votre activité.

Connaître toutes les techniques de visibilité qui s'offrent à vous

Le marché de la publicité en ligne s'est extrêmement diversifié ces dernières années. Avant de vous lancer dans une quête de visibilité tous azimuts, prenez votre temps pour étudier très sérieusement toutes les possibilités qui s'offrent à vous. Commencez par constituer un tableau dans lequel vous serez en mesure de répertorier les diverses techniques, coûts et contraintes connues. Ainsi, vous aurez rapidement constitué votre *culture générale du marché*. Ainsi, vous constaterez rapidement que le référencement naturel vous permettra de générer un potentiel de x visiteurs mensuels en fonction de mots clés que vous aurez préalablement déterminés avec votre prestataire, et que cette hypothèse ne pourra se produire qu'à moyen terme avec un investissement équivalent à y euros. Cette même démarche appliquée au référencement sponsorisé vous permettra de mieux visualiser le trafic attendu sur ces mêmes combinaisons.

Faire mouche pour réussir son « buzz »

À défaut d'avoir des budgets de présence en ligne importants, vous pouvez miser sur l'originalité. En diffusant sur les réseaux sociaux une vidéo drôle, décalée ou instructive, vous obtiendrez un effet de « buzz ». Ici, pas de consignes particulières. Ce sont les internautes qui jouent aux messagers. Faire mouche est le seul mot d'ordre.

Surfer sur les tendances

Avez-vous pensé à Facebook ? Quel rapport y-t-il entre votre activité professionnelle et Facebook ? Sachez que ce concurrent de Google travaille massivement pour attirer les professionnels. Avec son dispositif en vogue, Facebook Fan Page, la plateforme américaine propose aux entreprises d'héberger ses pages *designées* assorties du bouton « I like ». En cliquant sur celui-ci, tout internaute est en mesure de suivre votre activité tout en en faisant profiter ses contacts.

Partie 4

« ROI » : minimiser le coût d'acquisition d'un client

Réussir son business sur Internet est extrêmement motivant. Il est temps de penser à optimiser votre approche. L'un des leviers importants de cette optimisation est le coût d'acquisition des futurs clients. Plus qu'aucun autre média, Internet permet d'observer avec précision les indicateurs de suivi et de performance. Voyons ensemble comment mettre en place un tableau de bord décisionnel efficace.

Chapitre 1

Définir ses objectifs

Les professionnels du Web marketing n'ont qu'un mot à la bouche. Ce mot est le ROI (*Return On Investment*) ou bien RSI (Retour Sur Investissement) en français. Que signifie vraiment cette notion qui se cache derrière ces trois lettres ? Quels sont les éléments dont vous avez besoin pour calculer votre retour sur investissement Web ? Enfin, quelles sont les actions de suivi et d'arbitrage que vous pouvez mettre en place afin de l'optimiser ?

Visibilité

Un certain nombre de grandes entreprises allouent une partie de leur budget publicitaire à la visibilité sur Internet. Ces dernières années, les observateurs des tendances d'investissement remarquent que la part dédiée à ce média ne cesse de croître aux dépens des médias traditionnels.

Décidées à mieux communiquer vers leurs prospects ou encore à fédérer leurs clients autour de leur marque, ces entreprises poursuivent l'objectif unique de visibilité multicanal. La conversion, notion chère aux *pure players*, ne se trouve pas au centre de leurs préoccupations. Ainsi, tous les annonceurs présents sur Internet ne poursuivent pas le même objectif.

En résumé, l'objectif de visibilité se borne à deux paramètres : se rapprocher le plus près possible de sa cible et obtenir le plus grand nombre de visites qualifiées. La donnée de consommation est relayée au second plan. Le pari rejoint ici les critères de publicité classique : il met en face d'une dépense une consommation différée dans le temps.

Acquisition

Les acteurs du Web s'appuient sur une logique bien plus utilisatrice que les entreprises classiques. Ils souhaitent très souvent obtenir un résultat immédiat sur leur investissement. Le comportement actuel des PME rejoint de plus en plus ce raisonnement de *pure play*. Et pour cause, les outils actuels disponibles sur Internet sont non seulement capables d'observer le comportement des e-consommateurs, mais sont aussi en mesure d'apporter aux entrepreneurs des réponses quant à l'attractivité des campagnes publicitaires en cours et leur optimisation.

Ainsi, tout euro investi dans la publicité en ligne ou toute modification de votre site peut être mesurée en l'espace de quelques semaines, voire de quelques heures.

Cette logique fait directement référence à la notion de ROI. En d'autres termes, il s'agit d'identifier l'ensemble des pratiques améliorant la rentabilité de votre Web business.

Chapitre 2

Utiliser les outils statistiques : «*site centric*»

Définition

Google analytics, Xiti ou encore Awstats vous disent-ils quelque chose ? Ce sont les outils de statistiques de trafic les plus répandus sur Internet. La liste n'est bien évidemment pas exhaustive, mais ces trois outils partagent un point commun.

Ils sont tous issus de la même famille de mesure d'audience reposant sur l'observation du trafic centré sur le site, d'où la notion de «*site centric*». Basés sur des solutions d'analyse du fichier journal propres aux serveurs ou sur des balises de comptage insérées sur chacune de vos pages Web – *tag* –, ils peuvent collecter les informations de visite en les organisant sous forme de tableau de bord. C'est bien là l'intérêt de cette démarche.

La synthèse de ces données vous permettra d'appréhender le comportement de vos internautes. Elle vous indiquera la manière dont ils interagissent avec votre site afin de concrétiser un certain nombre d'actions : achat en ligne, constitution du panier, génération de *leads*, pages vues avec publicité, etc. En observant à la loupe vos statistiques de visite, vous apprendrez à identifier les préférences de vos visiteurs tout comme vous remarquerez les sources de trafic les plus lucratives pour votre activité.

Indicateurs clés, tableau de bord

Quel que soit votre outil de statistiques, vous devez commencer par constituer votre tableau de bord. Composé de plusieurs informations clés, il doit en moins d'une minute vous permettre de comprendre et de surveiller la tendance générale de votre activité.

Quel que soit votre domaine d'activité sur Internet, les indices suivants doivent impérativement être inclus dans votre tableau de bord.

Visites

Cette donnée chiffrée permet de connaître le nombre de visites que votre site Internet a enregistrées.

Visiteurs

Cette donnée chiffrée permet de connaître le nombre de visiteurs différents que votre site a accueillis. En effet, un visiteur peut avoir effectué une ou plusieurs visites. Ainsi, le nombre de visites affichées par vos statistiques est constamment plus élevé que le nombre de visiteurs.

Ratio visiteurs/visites

Ce ratio permet de constater le taux de fidélisation. Les sites Internet axés sur l'information ou l'actualité enregistrent souvent un ratio bien plus élevé que la moyenne.

Pages/visites

Il s'agit d'un ratio permettant de constater combien de pages en moyenne sont consommées lors d'une visite. L'analyse de celui-ci se fait à la lumière de votre *business model*.

Temps passé sur le site

Il s'agit du temps moyen passé sur votre site par l'ensemble des visiteurs.

Taux de rebond

La définition précise de ce terme important diffère en fonction de l'outil de statistiques. De manière générale, on peut parler d'un pourcentage d'internautes ayant consulté une seule page Web et l'ayant quittée aussitôt. La notion de durée de visite peut également être prise en compte. Ainsi, un taux de rebond pourrait se caractériser par le pourcentage d'internautes effectuant une visite en moins de trente secondes (durée approximative). Un taux de rebond élevé révèle souvent l'insatisfaction des visiteurs.

Sources de trafic

Primordiales pour votre analyse, ces données sont souvent présentées sous forme de graphiques. Elles vous permettent de visualiser rapidement la provenance de vos internautes. Généralement, quatre sources de trafic se détachent de l'ensemble :

> moteurs de recherche (référencement naturel) ;
> sites référents (partenaires) ;
> campagnes publicitaires (Google ou autres) ;
> accès directs (internautes qui tapent directement votre adresse Internet).

En prenant l'habitude de vous connecter fréquemment à vos statistiques, vous finirez très rapidement par connaître le rythme et la performance globale de votre site. Tout changement que vous apporterez par la suite à vos pages Web ou à vos actions sera facilement identifiable.

Lecture approfondie : exemple concret

Dans une étude menée en 2010 par le groupe Benchmark, plusieurs critères responsables d'un taux de rebond élevé sont mis en évidence.

En mémorisant sommairement les principales raisons de déception des internautes, il vous sera aisé de faire le rapprochement entre vos propres statistiques et les pièges évoqués par l'étude.

Étudions à présent un exemple de statistiques observées sur un site Internet en activité. Pour des raisons de

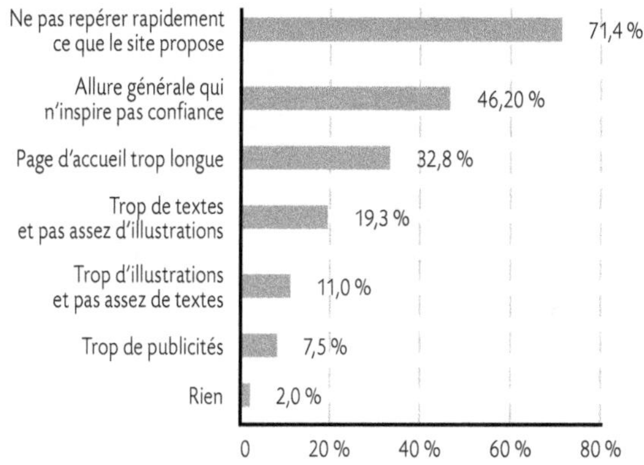

confidentialité, nous ne diffuserons pas ici son adresse. Disons simplement qu'il s'agit d'une entreprise dont l'activité principale consiste à fabriquer et à diffuser des piscines artisanales. L'entreprise se situe en Provence-Alpes-Côte d'Azur.

Vision générale, synthèse

	Visiteurs différents	Visites	Pages
Trafic "vu"*	<=15 653 Valeur exacte indisponible en vue "annuelle"	20 300 (1,29 visites/ visiteur)	247 574 (12,19 pages/ visite)
Trafic "non vu"*			22 419

* Le trafic non vu est le traffic généré par les robots, vers ou réponses HTTP avec code de retour spécial.

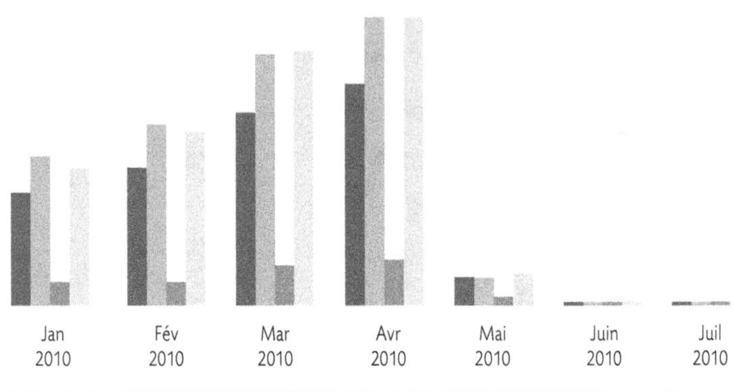

Mois	Visiteurs différents	Visites	Pages	Hits
Jan 2010	2 527	3 378	38 151	260 073
Fév 2010	3 077	4 106	48 437	334 299
Mar 2010	4 349	5 666	72 722	492 653
Avril 2010	5 122	6 502	80 093	551 032
Mai 2010	578	648	8 171	57 717
Juin 2010	0	0	0	0
Juil 2010	0	0	0	0

Entre janvier et mai 2010, le site Internet de cette entreprise a été vu par quinze mille six cent cinquante-trois visiteurs différents. Le chiffre de vingt mille trois cents correspond au nombre total de visites. En moyenne, cela veut dire qu'un visiteur a visité le site 1,29 fois, soit 20 300/15 653.

Notons que ce chiffre s'inscrit dans une bonne moyenne. Il s'explique sans doute par le fait que l'entreprise commercialise des biens au prix unitaire élevé. La décision d'achat ou de prise de contact n'est pas instantanée dans ce type de situation d'achat.

Le même tableau indique le chiffre de deux cent quarante-sept mille cinq cent soixante-quatorze. Ceci nous livre des renseignements intéressants : les vingt mille trois cents visites effectuées sur le site ont généré deux cent quarante-sept mille cinq cent soixante-quatorze pages vues. Chaque visiteur a donc vu en moyenne 12,19 pages.

Ce ratio de 12,19 révèle un véritable intérêt porté au contenu du site et souligne très certainement la réussite de son ergonomie. Rappelons qu'un site bien construit doit inciter l'internaute à rester le plus de temps possible sur ses pages tout en l'incitant à cliquer sur les différents liens internes.

Les jours et les heures de visite

Résumé
Quand:
Historique mensuel
Jours du mois
Jours de la semaine
Heures

Jour	Pages
Lun	2 038,89
Mar	1 874,06
Mer	1 989,12
Jeu	1 950,41
Ven	1 892,22
Sam	1 893,89
Dim	2 438,50

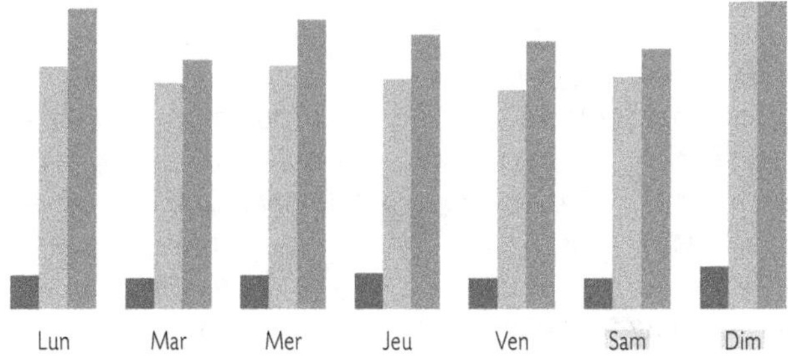

Dans le tableau précédent, on constate que le trafic du site est homogène tout au long de la semaine. Quelle déduction tirons-nous de cette information ? Le comportement caractérisant les visiteurs professionnels diffère de celui des particuliers. Dans 99 % des cas, les professionnels désertent les sites Internet durant les week-ends. Les particuliers, au contraire, ont tendance à consacrer leur temps disponible à la découverte des sites B to C pendant leur temps disponible. On en conclura donc que le site étudié s'adresse aux deux catégories sans distinction. Cette information devra permettra à l'entreprise d'ajuster son contenu en fonction de ces deux situations de vente.

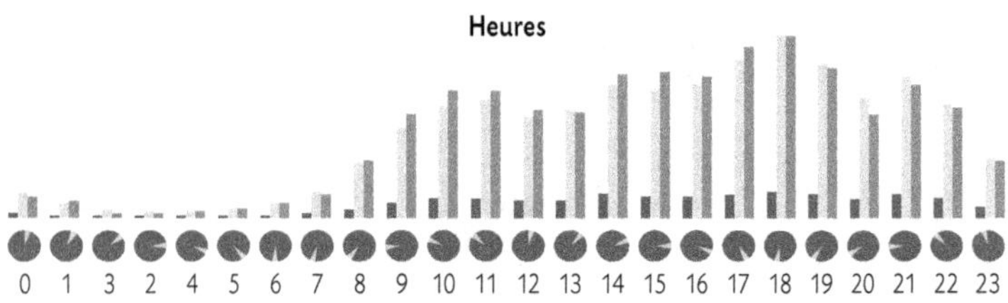

Heures	Pages	Hits	Bande passante	Heures	Pages	Hits	Bande passante
0	2 853	20 551	1,00 Go	12	13 037	85 194	5,03 Go
1	1 548	11 355	749,06 Mo	13	12 672	91 738	4,89 Go
2	1 663	5 753	104,67 Mo	14	17 131	113 711	6,71 Go
3	522	3 783	158,55 Mo	15	16 652	110 078	6,77 Go
4	605	3 823	282,33 Mo	16	16 072	113 860	6,65 Go
5	824	5 684	312,53 Mo	17	20 084	132 919	8,01 Go
6	1 473	10 379	643,09 Mo	18	22 020	153 252	8,44 Go
7	2 817	20 590	1,02 Go	19	18 409	129 550	7,03 Go
8	6 358	45 330	2,64 Go	20	14 377	100 812	4,81 Go
9	11 336	76 099	4,84 Go	21	18 039	119 491	6,28 Go
10	13 776	94 865	5,98 Go	22	13 727	96 256	5,15 Go
11	14 449	99 067	5,82 Go	23	7 130	50 634	2,69 Go

Sur le tableau précédent, on remarque que les visites démarrent réellement vers 8 heures du matin. Les sites Internet ciblant un public métropolitain ont tendance à enregistrer les premières vagues de trafic vers 9 heures du matin. Si vous effectuez des campagnes de liens sponsorisés, vous pouvez programmer vos annonces pour les rendre visibles seulement dans les tranches horaires spécifiées. Par ailleurs, souhaitant privilégier les cibles B to C, vous pouvez accélérer vos campagnes durant les pauses repas également bien signalées sur le tableau.

Accès aux moteurs de recherche

32 Robots différents	Hits
Googlebot	2850
Yahoo Slurp	2241
Voila	1556
Heritrix	1045
Java (Often spam bot)	1010
Yandex bot	823
MSNbot	581
Unknow robot (identified by 'robot')	554
Unknow robot (identified by 'bot/' or 'bot-')	404
Unknow robot (identified by 'crawl')	373
Exabot	356
Ask	214

Il vous est possible de consulter la liste des moteurs de recherche qui ont visité le site. Rappelons que les moteurs de recherche utilisent des robots scrutant en permanence les pages Web accessibles sur la Toile. Dans la liste de trente-deux robots, on distingue clairement celui de Google (Googlebot) et celui de Yahoo (Yahoo Slurp).

En pratique, tous les sites connaissent ce classement. Les moteurs les plus actifs se distinguent par leur capacité d'observation de la Toile intensifiée.

Durée de visite

Durée des visites		
Visites : 20 300 – Moyenne : 296 s	Visites	Pourcentage
0s-30s	7 913	38,9 %
30s-2mn	4 578	22,5 %
2mn-5mn	3 430	16,8 %
5mn-15mn	2 845	14 %
15mn-30mn	839	4,1 %
30mn-1h	544	2,6 %
1h+	149	0,7 %
Inconnu	2	0 %

La durée moyenne de visite sur le site étudié est de deux cent quatre-vingt-seize secondes, soit près de cinq minutes. C'est une excellente performance. En effet, les internautes sont d'ordinaire extrêmement « zappeurs ».

Ici, 38,9 % d'internautes passent entre zéro et trente secondes sur le site. Ceci permet de mesurer le fameux taux de rebond. Que doit-on penser d'un taux de rebond compris entre 30 et 45 % ? On considère ce taux comme étant très satisfaisant. En réalité, les taux inférieurs à 30 % sont extrêmement rares.

Par ailleurs, 22,5 % des visiteurs passent en moyenne deux minutes sur ce site. Additionnés à deux autres tranches, celles de deux à cinq et cinq à quinze minutes, on estimera que le support cumule 53,5 % de visites qualifiées.

Pages visitées : entrée/sortie

Total : 56 pages différents	Pages vues
/index	44 316
/prix.pis█████████████.com	4 821
/model.htm	26 676
/iepngfix.htc	47 378

Grâce à ces informations, il est possible d'observer les pages les plus visitées. En règle générale, la page la plus visitée reste la page d'accueil. Les pages indiquant les tarifs des prestations et les modèles disponibles arrivent fréquemment en seconde position. Le tableau suivant indique les pages de sortie les plus empruntées.

Total : 56 pages différents	Pages vues
/index	44 316
/tableau██████████████piscine.pdf	7 846
/Clear_Skin_1.swf	26 676

Outre la page d'accueil (soulignant le taux de rebond), les internautes ont tendance à sortir *via* la page de téléchargement (.PDF). Précisions qu'elle comporte le récapitulatif des prix.

Origines de recherche par moteur

Liens depuis un moteur de recherche Internet		
Visites : 20 300 – Moyenne : 296 s	Pages	Pourcentage
Google	27 998	94,3 %
Unknown search engines	557	1,8 %
Yahoo!	510	1,7 %
Voila	284	0,9 %
Google (Images)	169	0,5 %
AOL (fr)	87	0,2 %

Le tableau précédent classe les différentes sources de recherche relatives aux moteurs de recherche. Une fois de plus, on constatera la suprématie de Google sur les autres moteurs de recherche.

Autres origines de trafic

Liens depuis une page externe (autres sites, hors moteur)		
Visites : 20 300 – Moyenne : 296 s	Pages	Pourcentage
http://www.███n/search	548	24,7 %
http://www.sfr.fr/do/██████	295	13,3 %
http://www.toplien.fr/maison/e██ ██/piscine/pis███████p...	127	5,7 %
http://www.communique-de-presse-gratuit.com/██████	125	5,6 %
http://www.lesnewsdunet.com/ lesactus/communique-██████	97	4,3 %
http://rechercher.aliceadsl.fr/██████	64	2,8 %
http://lo-st/cgi-bin/e██████	57	2,5 %

.../...

Liens depuis une page externe (autres sites, hors moteur) (suite)		
Visites : 20 300 – Moyenne : 296 s	Pages	Pourcentage
http://www.categorynet.com/communiques-de-presse/decoration°	56	2,5 %
http://translate.googleusercontent.com/translate_c	54	2,4 %
http://	42	1,8 %
http://www.sitebuzz.fr/france-piscines-erp se...	41	1,8 %
http://www.acheter-piscine.com/annuaire	38	1,7 %
http://www.royal-piscines.com/content/pose-	25	1,1 %
http://www.yougoo.f	24	1 %
http://www.categorynet.com/communiques-de-presse	23	1 %
http://fr.search-results.com/	22	0,9 %
http:// -presse.net/2010/03/08/france-piscine-co...	19	0,8 %

On constatera que les actions de référencement effectuées par l'entreprise se révèlent payantes : diffusion de communiqués de presse, forums, plateformes de « buzz », etc.

Chapitre 3

Optimiser ses campagnes de liens sponsorisés

Dans la troisième partie de ce livre, nous avons étudié la structure et la composition de votre compte Google Adwords. Une fois lancé, votre compte doit être suivi et ajusté pour une meilleure performance publicitaire. Elle favorisera votre taux d'acquisition et votre ROI final. Pour obtenir des résultats probants, vous devez concentrer vos efforts sur l'état de vos annonces et sur la performance de l'ensemble de vos mots clés.

Performances des annonces

État des annonces

En vous rendant sur l'onglet « Annonces » situé dans votre compte, vous pourrez vérifier l'état de leur diffusion.

La colonne « État » contient des informations propres à chaque annonce diffusée. En cliquant sur la « bulle info » vous accéderez directement au récapitulatif des diffusions.

Taux de clics

Comment estimer la performance de votre annonce? En suivant son CTR, vous mesurerez son attractivité. Comme nous l'avons déjà évoqué, un CTR inférieur à 1 % sur Google et le réseau de recherche indique que vos annonces ne sont pas suffisamment ciblées. Si tel est votre cas, pensez à rédiger d'autres annonces en ayant en mémoire les mots clés entraînant leur affichage. Le rapport doit être des plus étroits.

Comparatif des variantes d'annonces

Si l'un de vos groupes d'annonces contient plusieurs annonces, celles-ci seront diffusées en alternance. En comparant les performances des différentes annonces, vous découvrirez celles que vos clients considèrent comme les plus attrayantes. Voici un exemple qui illustre parfaitement l'intérêt de cette démarche.

Ici, trois annonces alternatives s'affichent sur Google afin de générer des *leads* dans le domaine de la décoration. Toutes appartiennent au même groupe d'annonces dénommé «DECORATEUR». On constate un différentiel de CTR s'échelonnant entre 0,49 et 1,46. D'après le tableau, la première annonce bénéficie d'une meilleure attractivité. Elle doit donc être privilégiée pour la suite de la campagne publicitaire.

		Annonce	Groupe d'annonces	État ⑦	Taux de diffusion	Clics	Impr.	CTR ⑦	CPC moy. ⑦	Coût	Pos. Moy.
☐	●	{KeyWord:QualiDevis} Décoration, 1 seule demande : Plusieurs devis de professionnels ! www.qualidevis.com/decoration	DECORATEUR (16)	Annonce approuvée	45,19 %	17	1 164	1,46 %	0,49 €	8,27 €	3,8
☐	●	{KeyWord:QualiDevis} Devis gratuits de professionnels Pour votre décoration réussie ! www.qualidevis.com/decoration	DECORATEUR (16)	Annonce approuvée	46,47 %	14	1 197	1,17 %	0,43 €	6,08 €	3,5
☐	●	{KeyWord:QualiDevis} Décoration – Consultez les devis gratuits de professionnels ! www.qualidevis.com/decoration	DECORATEUR (16)	Annonce approuvée	7,88 %	1	203	0,49 %	0,56 €	0,56 €	3,6

Optimisez vos annonces

Pour rédiger des annonces percutantes, vous pouvez utiliser plusieurs techniques de marketing.

» Mentionner le prix et les promotions en cours : en découvrant le prix de votre produit ou de votre service directement sur l'annonce, l'internaute se fera très rapidement un avis qui lui permettra de cliquer pour aller plus loin (consommer votre budget Google AdWords) ou de passer son chemin (économiser votre CPC).

» Inciter à agir : les verbes à l'impératif tels que «commandez» ou «achetez» doivent être privilégiés dans vos annonces, car ils communiquent aux internautes une certaine dynamique d'achat. Dans le tableau présenté plus haut, on voit distinctivement que l'annonce «Décoration – Consultez les devis» est celle dont le CTR est le plus faible. L'injonction «Consultez» place l'internaute dans une situation de découverte et non d'achat.

» Penser ses annonces directement en fonction des mots clés : répétons encore cette évidence. Votre annonce s'affiche, parce que votre mot clé a été tapé sur le moteur de recherche. Rédigez votre annonce en rapport direct avec le mot clé. Votre CTR est en jeu.

» Profiter de la notoriété des partenaires commerciaux : les internautes ont tendance à explorer les entreprises ou les marques qu'ils connaissent déjà. Vous n'êtes pas forcément connu ? Est-ce le cas de vos produits ou de vos partenaires commerciaux ? Avec leur accord préalable, vous pouvez insérer dans le titre de vos annonces ces repères qui auront tendance à améliorer le CTR de vos campagnes.

Performances des mots clés

Vous pouvez également contrôler les performances de vos mots clés en vérifiant plusieurs paramètres.

État des mots clés

En accédant aux onglets «mots clés», vous afficherez les performances des mots clés et l'état de chacun d'entre eux. L'état «éligible» signifie que le mot clé est actif et qu'il déclenche la diffusion de vos annonces. En cliquant sur l'icône située dans la colonne «état», vous afficherez des informations détaillées sur les performances de chaque mot clé.

Taux de clics

Il s'agit une fois de plus du CTR qui vous permettra d'estimer l'intérêt de vos mots clés. Là aussi, un CTR inférieur à 1 % sur Google et le réseau de recherche témoigne de sa faible performance. Le cas échéant, vous pourrez décider de remplacer votre mot clé par une combinaison plus ciblée ou de le supprimer tout simplement de votre liste.

Voici le même exemple pour groupe d'annonces «DECORATEUR» :

		Mot Clé	État	CPC max.	Clics	Impr.	CTR	CPC moy.	Coût	Pos. moy.
☐	●	décoration salon	Mot clé éligible	0,60 €	7	164	4,27 %	0,41 €	2,90 €	2,3
☐	●	décoration maison	Mot clé éligible	0,60 €	5	361	1,39 %	0,53 €	2,63 €	3,5
☐	●	boutique décoration	Mot clé éligible	0,60 €	4	207	1,93 %	0,36 €	1,42 €	3
☐	●	décoration intérieur	Mot clé éligible	0,60 €	4	277	1,44 %	0,50 €	1,99 €	3,7
☐	●	décoration salon	Mot clé éligible	0,60 €	4	153	2,61 %	0,45 €	1,79 €	2,3
☐	●	décoration maison	Mot clé éligible	0,60 €	3	566	0,53 %	0,51 €	1,53 €	4,4
☐	●	décoration bureau	Mot clé éligible	0,60 €	2	11	18,18 %	0,56 €	1,13 €	2,2
☐	●	décoration bois	Mot clé éligible	0,60 €	2	182	1,10 %	0,44 €	0,87 €	3,5
☐	●	décorateur	Mot clé éligible	0,80 €	1	264	0,38 %	0,65 €	0,65 €	4,1

Avec une position moyenne d'affichage sur Google comprise entre la deuxième et la quatrième positions (colonne Pos. Moy.), les mots clés éligibles présentent des performances extrêmement variées. La combinaison « décoration maison » se détache visiblement par rapport aux autres combinaisons.

La performance de la combinaison « décoration bureau » mérite d'être analysée avec prudence. Son CTR de 18,18 % s'explique davantage par une absence de données statistiques concluantes (onze impressions cumulées sur la période).

Niveau de qualité

Situé au niveau d'éligibilité des mots clés, cet indicateur vous permet de contrôler la pertinence de vos actions.

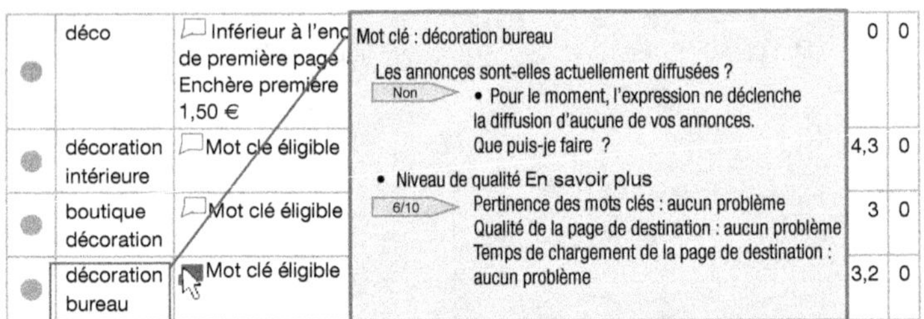

Plus la note de niveau de qualité associée au mot clé est élevée, plus le CPC réel sera faible. Comme on peut le voir sur le tableau, le niveau de qualité se mesure essentiellement grâce à trois critères qui sont sa pertinence par rapport à l'annonce d'attachement, la qualité de la page de destination (*landing page*) et enfin, le temps de chargement de cette dernière.

Google apporte un commentaire pour chacun de ces critères : « Excellent », « Aucun problème » ou « Médiocre ».

Suivi des conversions, ROI

La somme des clics effectués par les internautes multipliée par le CPC moyen du clic constitue votre budget publicitaire global. En observant le nombre de clics nécessaires à la génération d'un *lead* vous pourrez calculer votre coût unitaire de génération de *leads*.

En fonction de votre *business model*, vous pouvez limiter votre analyse à cette première observation, ou l'affiner. En tant qu'e-marchand, vous pouvez mettre en place un indicateur plus complet :

$$\frac{\text{Bénéfice} - \text{Coût}}{\text{Coût}} \times 100 = \text{ROI}$$

Calculer son ROI (cas n° 1)

Vous vendez en ligne un modèle de chaussures. Votre bénéfice pour une paire de chaussures vendue est de 50 euros. Son prix de vente public est de 200 euros. Avec un budget de Google AdWords de 3 000 euros, vous avez réalisé un chiffre d'affaires de 20 000 euros.

Il correspond à cent paires vendues. Votre bénéfice pour cette opération est de : 50 € × 100 = 5 000 €. En utilisant la formule précitée, nous établirons le ROI de l'opération : (5 000 − 3 000)/3 000 × 100 = 66,66 %.

Même si vous n'êtes pas vendeur en ligne, vous pouvez quand même mettre en place des indicateurs d'analyse similaires. Là aussi, une illustration vaut mieux qu'une description. Partons, pourquoi pas, d'un exemple de traiteur en ligne. Les internautes vous contactent *via* votre formulaire de contact pour demander un devis. Vous transformez une demande de devis sur sept. En connaissant votre coût du *lead*, vous pouvez établir la dépense moyenne d'acquisition d'un nouveau client. Démonstration : un *lead* vous coûte 10 euros en moyenne. Vous déboursez selon le ratio de transformation commercial 70 euros pour conclure une affaire. En faisant le rapprochement entre ces 70 euros et le bénéfice généré par prestation, vous retomberez presque sur les mêmes indicateurs ROI que ceux utilisés couramment par les *pure players*.

Le groupe d'annonces « indemnisation accident » génère six cent soixante et onze clics sur la période. Le coût global engendré par ce groupe d'annonces est de 409,39 euros. Il a permis de générer vingt-six *leads*, soit un coût unitaire du lead à 15,75 euros. Ce même tableau nous renseigne sur le taux de conversion. Le chiffre de 3,87 % s'obtient par le calcul suivant : 26/671 x 100. Plus ce pourcentage est élevé, meilleure est la performance de gestion. En comparant le groupe d'annonces étudié à son homologue « Indemnité accident », on s'aperçoit que ce dernier est plus efficace. En effet, son taux de conversion est presque deux fois supérieur, alors même qu'il génère exactement le même type de formulaires.

Astuce Google AdWords

Notez que Google vous aide dans cette analyse grâce à sa plateforme AdWords. En « tagant » (ajout d'un code spécifique) vos pages de conversion (paniers d'achat, formulaires de contact), vous serez en mesure d'observer directement vos chiffres de conversion. Voici un exemple détaillant les performances de plusieurs groupes d'annonces d'un assureur en ligne :

		Groupe d'annonces	Campagne	État ⊘	CPC max. par défaut	CPC max. (Réseau Display) ⊘	Clics	Impr.	CTR ⊘	CPC moy. ⊘	Coût	Pos. moy.	Conv. (1 par clic) ⊘	Coût/ Conv. (1 par clic) ⊘	Taux de conv. (1 par clic) ⊘
☐	●	indemnisation accident	RAF	Groupe d'annonces éligible	0,72 €⊠	auto	671	316 010	0,21 %	0,61 €	409,39 €	2,6	26	15,75 €	3,87 %
☐	●	accident	RAF	Groupe d'annonces éligible	1,50 €⊠	auto	628	527 096	0,12 %	0,93 €	585,81 €	1,6	18	32,54 €	2,87 %
☐	●	préjudice corporel	RAF	Groupe d'annonces éligible	1,00 €⊠	auto	389	91 947	0,42 %	0,67 €	259,93 €	1,8	7	37,13 €	1,80 %
☐	●	indemnité accident	RAF	Groupe d'annonces éligible	1,00 €⊠	auto	311	17 322	1,80 %	0,76 €	237,70 €	2,7	21	11,32 €	6,75 %
☐	●	pretium doloris	RAF	Groupe d'annonces éligible	0,65 €⊠	auto	214	3 011	7,11 %	0,34 €	71,81 €	1,2	5	14,36 €	2,34 %

en pratique

Calculer son ROI (cas n° 2)

Imaginons que vous souhaitiez attirer des utilisateurs vers votre site Web afin de générer des ventes sur vos gadgets, ce qui permettrait de réaliser un bénéfice de 10 euros par gadget vendu. Vous avez investi 1 000 euros dans votre campagne publicitaire de la semaine passée et parvenez ainsi à vendre cent trente gadgets. Le revenu des ventes (ou revenus globaux) représente 1 300 euros (10 euros par article multiplié par cent trente). Vous pouvez ensuite soustraire de cette somme le montant de 1 000 euros correspondant au coût de votre campagne publicitaire, ce qui représente un gain de 300 euros. Cette somme correspond aux bénéfices résultant de votre investissement initial de 1 000 euros dans la campagne publicitaire. Votre retour sur investissement, exprimé en pourcentage de votre investissement initial, serait alors de 30 % : 300/1 000, multiplié par 100.

Le ROI mesure le montant des coûts publicitaires par rapport aux bénéfices résultant de conversions telles que des ventes ou des prospects. Votre ROI indique la valeur des gains réalisés par votre entreprise par rapport aux coûts de votre campagne publicitaire. Bien qu'il soit pratiquement impossible de mesurer précisément le ROI, le calcul suivant peut vous aider à en évaluer la valeur : déduisez les frais publicitaires de votre revenu des ventes, puis divisez ce montant par le total de vos coûts publicitaires. Cela donne : (revenu – coût)/ coût.

Chapitre 4

Comparer les canaux d'acquisition

Vous maîtrisez désormais votre coût au *lead* généré *via* Google AdWords. Toujours à la recherche d'autres sources de contacts qualifiés et au moindre coût, vous restez à l'écoute du marché. Votre entreprise a certainement déjà mis en place des actions de prospection classiques telles que le téléphone ou pourquoi par des *flyers* imprimés. Sur Internet comme ailleurs, il existe d'innombrables leviers de business. Il est toujours intéressant de comparer les différents gisements afin d'identifier les plus porteurs en ROI.

Indicateurs du marché

Certaines entreprises, prestataires de services, se sont spécialisées dans la génération de contacts. Leur business model, basé sur une rémunération à la performance, vous permettra de mieux juger l'efficacité de vos propres actions. Parmi ces acteurs, les plateformes d'affiliation sont sans doute les plus riches en renseignement.

Qui sont ces entreprises ? Les plateformes d'affiliation ont pour objectif de mettre en relation les annonceurs désireux d'allouer un budget de publicité en ligne aux éditeurs (affiliés dans cette configuration), en contrepartie d'une rémunération basée purement à la performance. Ainsi, seul l'affilié prend le risque d'afficher une campagne publicitaire sur son site. L'absence d'intérêt de la part de l'internaute pour la campagne n'apportera à l'affilié aucune rémunération.

Vos concurrents, entreprises matures, gèrent probablement un portefeuille de plusieurs affiliés tout en leur proposant un prix à la performance plus ou moins attractif. Il vous suffit de consulter le site Internet Rentabilisez.com pour savoir quels concurrents ont recours à cette pratique, mais aussi pour connaître les tarifs pratiqués.

Notez que les tarifs que vous allez observer devront être majorés d'environ 30 %. Ce pourcentage correspond à la rémunération de la plateforme d'affiliation chargée de rapprocher les annonceurs et les éditeurs et de tracer les performances en tant que tiers de confiance.

Bien entendu, ces renseignements vous permettront de faire le rapprochement entre les tendances du marché et votre propre dépense en liens sponsorisés. D'autres acteurs, c'est-à-dire les sociétés de marketing direct à la performance, peuvent compléter votre étude comparative.

Soyez curieux et ne négligez aucune piste qui vous permettrait d'améliorer votre activité commerciale. Ne tenez pas pour vraie l'idée que vos actions personnelles sont les plus rentables. Les savoir-faire et les volumes traités par certains prestataires ébranlent certains préjugés.

Indicateurs internes

Énumérez tous les moyens que vous utilisez déjà pour générer votre chiffre d'affaires : prospection téléphonique, mailing postal, campagnes d'e-mailing, achat de bannières auprès des régies publicitaires, etc.

Suivez avec précision vos indicateurs de coût, de conversion et de ROI afin de détecter les canaux les plus efficaces. Comparez-les aux indicateurs externes. Cette analyse vous permettra non seulement de vous situer par rapport à la performance du marché, mais aussi de développer de meilleurs réflexes d'acquisition de chiffre d'affaires.

En tant que responsable de projet Web, vous devez être en mesure de constituer vos propres indicateurs de pilotage. Vous vous en doutez, l'unique suivi de votre chiffre d'affaires ne suffit pas. Votre tableau de bord doit refléter le rapport entre votre effort en investissement pour votre visibilité et le retour qu'il génère.

Observez

Prenez l'habitude d'utiliser régulièrement les outils d'analyse de votre trafic Internet. Retenez par cœur les chiffres clés relatifs aux temps moyens de navigation, taux d'abandons ou encore les différentes sources de trafic. Cette connaissance vous permettra de vous alerter immédiatement en cas de changements notables.

Testez le changement

Toute optimisation de votre budget ou de votre approche passe par des phases de test. Changez par exemple vos annonces publicitaires sur Google ou repensez le design de vos bannières publicitaires. Que constatez-vous au niveau du trafic ? Comment évolue votre chiffre d'affaires ? Afin d'obtenir les meilleures performances pour votre activité, vous devez apprendre à être pragmatique. Évitez la mise en place de changements simultanés. Ce faisant, vous risqueriez de brouiller votre analyse.

Comparez

Cherchez à comparer les différents canaux de vente. Là aussi, le pragmatisme est de rigueur. Identifiez non seulement les volumes, mais aussi le chiffre d'affaires propres à chaque canal. Vous constatez peut-être que certains canaux que vous sous-estimiez méritent en fait toute votre attention.

ROI

Étudiez attentivement les exemples chiffrés présents dans le chapitre 3, « Calculer son ROI » (cas n° 1 et n° 2). En prenant l'habitude de faire ces quelques calculs simples et efficaces, vous apprendrez à piloter votre activité avec comme objectif la rentabilité.

Lexique

Affiliation : Procédé consistant pour un annonceur à diffuser ses annonces ou bannières publicitaires sur un réseau de sites Internet. Ce réseau constitué d'affiliés est généralement rémunéré à la commission sur la vente ou au clic.

Annuaire *online* : Également appelé « répertoire », il a pour vocation de classer les sites Internet par catégories pertinentes pour les internautes. Tout comme les annuaires papier, les annuaires online peuvent être généralistes ou thématiques.

Arborescence : Structure d'un site Internet permettant à l'internaute de naviguer entre les différentes pages.

Bannière : Format publicitaire Internet. Exploité le plus souvent sous forme d'un rectangle, il invite les internautes à visiter le site Internet de l'annonceur.

Blog : Journal de bord sur le Web constitué de billets rédactionnels agglomérés au fil du temps sur un sujet donné.

Brick and mortar : Terme désignant les entreprises traditionnelles par opposition aux entreprises virtuelles ne possédant pas de point de vente physique.

Business angels : Investisseurs et hommes d'affaires souhaitant investir leur argent et leur temps dans des projets en développement.

Buzz : Rumeur, ou littéralement «bourdonnement», qui se répand rapidement sur la Toile. Cette technique permet de faire connaître un site Web.

Click and mortar : Il s'agit d'une entreprise traditionnelle ayant la particularité d'utiliser le média Internet pour compléter ses ventes.

CMS (*Content Management System*) : Système de gestion de contenus Web.

Executive summary : Synthèse du plan de développement de l'entreprise permettant aux investisseurs de comprendre l'idée directrice du projet.

Favicon : Icône informatique symbolisant un site. Pratique, il permet aux navigateurs de le distinguer visuellement dans la barre d'adresses, barre de titres, les favoris ou encore les raccourcis de navigation.

Flash : Logiciel d'animation édité par la société Macromedia utilisé pour créer des animations graphiques interactives sur des sites Web.

Flux RSS : Fichier dont le contenu est produit automatiquement en fonction des mises à jour d'un site Web.

Forum : Espace de discussion publique ou privée archivé par thème donné.

Google AdSens : Système publicitaire du moteur de recherche Google permettant aux éditeurs d'afficher les campagnes promotionnelles d'annonceurs.

Google AdWords : Système publicitaire du moteur de recherche Google permettant aux annonceurs de réaliser leurs campagnes promotionnelles.

Hébergeur : Prestataire ayant pour vocation de mettre à disposition des internautes des sites Web ou d'autres sources de contenu.

Keyworder : Agent gérant le catalogue de mots clés pour le compte d'un annonceur.

Lien hypertexte : Mots ou phrases permettant de passer automatiquement d'un document consulté à un document lié.

Love money : Fonds récupérés auprès de la famille ou d'amis.

Marque blanche : Principe commercial de mise à disposition d'un outil entre deux entreprises sans citer l'entreprise éditrice.

Mot clé : Terme permettant à l'internaute de préciser sa requête sur un outil de recherche.

Nom de domaine : «Adresse» permettant de retrouver facilement un site Internet. Le nom de domaine se compose de deux éléments : la racine et l'extension (.fr, .com, etc.). Exemple : Google.com.

Page contact : Page permettant à l'internaute de contacter l'entreprise *via* un formulaire.

Page plan : Page permettant à l'internaute de visualiser l'adresse de l'entreprise sur une carte.

Pure player : Société exerçant son activité uniquement sur Internet.

Référencement : Technique visant à optimiser la présence d'un site Internet sur la Toile.

Régie online : Société ayant pour vocation de commercialiser l'espace publicitaire centré sur le média Internet.

Réseau social : Au sens Web, le réseau social est une plateforme permettant aux Internautes d'être en contact avec d'autres membres du réseau.

Rich Media **:** Appellation désignant l'ensemble des technologies mixant la vidéo, le son et les animations enrichissant ainsi des contenus multimédia.

SEM (*Search Engine Marketing*) **:** Notion qui désignait initialement les pratiques de gestion de liens sponsorisés. Aujourd'hui, le SEM s'entend au sens plus large de regroupement des pratiques de visibilité *via* les moteurs de recherche, les annuaires et autres plateformes et sites Web.

SEO (*Search engine optimisation*) **:** Notion qui désigne un ensemble de techniques visant à favoriser la présence d'un site Internet ou d'une page Web dans le classement de moteurs de recherche. Le SEO se borne aux pratiques de référencement naturel de manière exclusive.

Site centric **:** Outil mesurant l'audience des sites Internet et reposant sur l'observation du trafic enregistré par le site lui-même. Par opposition, on parle des outils *User centric* utilisés pour mieux qualifier les profils des navigants.

SSII : Société de Service en Ingénierie Informatique.

Template **:** Modèle (ou encore gabarit) permettant de construire les pages d'un site Web selon une trame préétablie.

Url : Chaîne de caractères combinant les informations nécessaires pour atteindre une ressource de contenu.

Web agency : Prestataire chargé de la création de supports de communication en ligne et de leur diffusion sur Internet.

Web Call Back : Fonction de rappel automatique permettant de mettre en relation quasi instantanément les entreprises et les internautes.

Wiki : Le mot signifie « rapide » en hawaïen. Il s'agit d'un site Web dont les pages sont rapidement modifiables par les visiteurs afin de permettre l'écriture et la correction collaboratives.

Quelques commandes Google *online* utiles

Info : http://www.monsite.com[2] : liste des commandes Google disponibles.

Link : www.monsite.com : affichage de certaines des pages comportant des liens vers **www.monsite.com**. Google n'affiche jamais la totalité des liens recensés.

Cache : http://www.monsite.com : visualisation de la version enregistrée en cache de la page.

---

2 Il faut bien sûr remplacer «monsite» par un site spécifique en «.com» ou «.fr».

Gagner du temps grâce aux adresses utiles

Repères d'entrepreneurs	
ACSEL : www.associationeconomienumerique.fr	Association de l'économie numérique
AFNIC : www.afnic.fr	Association française pour le nommage Internet
APCE : www.apce.com	Agence pour la création d'entreprises
CNIL : www.cnil.fr	Commission nationale de l'informatique et des libertés
www.econumerique.pme.gouv.fr	Passeport pour l'économie numérique
FEVAD : www.fevad.com	Fédération de l'e-commerce et de la vente à distance
http://gouvernement.fr/gouvernement/le-statut-de-l-auto-entrepreneur	Portail du Gouvernement
ICANN : www.icann.org	Internet Corporation for Assigned Names and Numbers
INPI : www.inpi.fr	Institut national de la propriété industrielle
Institut Ipsos : www.ipsos.fr	Institut de sondages
Médiamétrie : www.mediametrie.fr	Mesure d'audience télévision, radio, cinéma, Internet, etc.
OSEO : www.oseo.fr	Établissement public d'aide à l'innovation, financement bancaire, service

Actualité Internet	
www.abc-netmarketing.com	Encyclopédie gratuite en ligne sur l'e-marketing et l'e-business
www.e-commercemag.fr	Site d'e-commerce et de la vente à distance
www.e-marketing.fr	Actualité du marketing, des marques, de la publicité, des agences et de la communication
www.journaldunet.com	Actualité Internet et e-business
www.ratecardonline.com	Site dédié à la publicité interactive
www.relationclientmag.fr	Site de la relation client à distance
www.rentabilisez.com	Guide affiliation et régie publicitaire
www.strategies.fr	Actualité du marketing, des marques, des médias et de la communication
www.webactus.net	Actualités Internet, high-tech, applications, téléphonie et sécurité
www.webmarketing-com.com	Blog de l'actualité du Web marketing
Financement des besoins en création d'entreprise	
France Angels : www.franceangels.org	Réseaux de business angels
Place des réseaux : www.placedesreseaux.com	Webmagazine des entrepreneurs en réseau
Réseau Entreprendre : www.reseau-entreprendre.org	Association dédiée à la création d'entreprise

Monde du référencement Internet	
www.abondance.com	Actualités et informations sur le référencement et les moteurs de recherche
http://question-referencement.linkeo.com	Blog dédié au référencement
www.ranks.fr	Suivi de référencement et de position sur Google
www.referencement-blog.net	Blog dédié au référencement
www.secrets2moteurs.com	Actualités du monde du référencement
www.seo-camp.org	Association de la communauté du référencement
www.webrankinfo.com	Portail francophone sur le référencement

Outils pratiques	
DoubleClick Ad Planner	Affiner son audience Internet
www.e-relation-client.com	Site dédié à l'e-relation client, e-business
Google AdSense	Rentabiliser son site Internet en affichant des annonces Google
Google AdWords	Liens sponsorisés Google
Google Analytics	Analyse d'audience Internet
Google KeyWord Tool	Générateur de mots clés
www.namestation.com	Outil de création de noms de domaines
yahoo search marketing	Liens sponsorisés Yahoo ! et Bing
www.yooda.com	Contrôle du positionnement et analyse du référencement

Dans la même collection